베드타임 매쓰 3

밤마다 궁금해지는 수학 퀴즈

글 로라 오버덱 Laura Overdeck
프린스턴 대학에서 천체물리학으로 학사를, 와튼 스쿨에서 MBA를 받았습니다.
어려서부터 수에 대한 모든 것에 관심이 많았던 로라 오버덱은 세 자녀의 엄마가 된 후,
아이들을 위해 수학 이야기와 퀴즈를 만들었습니다.
그리고 이를 많은 사람들과 함께 하기 위해 《베드타임 매쓰》를 펴냈습니다.

그림 짐 페일럿 Jim Paillot
미국 애리조나에 사는 페일럿은 유쾌하고 익살스러운 그림을 그리는 일러스트레이터입니다.
《베드타임 매쓰》에 그림을 그리면서 수학과 친해졌다고 합니다. jimpaillot.com에서
짐 페일럿의 재미있는 그림을 확인할 수 있습니다.

번역 이영희
KAIST 수학과에서 이학박사를 취득했습니다. 2년간 미주 중앙일보 교육 칼럼을 연재했으며,
한국과 미국 부모님들, 영재 및 일반 교사를 대상으로 교육 특강을 진행했습니다.
현재 미 캘리포니아 공립 Foothill College 수학과 종신교수로, 미국 실리콘밸리 가족들을 위한 연중행사인
Let's Play Math at Foothill College 위원장 및 KSEA 주최 NMC전미수학경시대회 문제
출제위원으로 활동하고 있습니다.

베드타임 매쓰3 밤마다 궁금해지는 수학 퀴즈

글 로라 오버덱 | 그림 짐 페일럿 | 옮김 이영희 | 펴낸날 2015년 3월 15일 초판 1쇄, 2019년 1월 30일 초판 5쇄
펴낸이 김영진 | 사업총괄 나경수 | 본부장 박현미 | 사업실장 백수현
편집 관리 유옥진 | 디자인팀장 박남희 | 디자인 관리 최진아
아동마케팅팀장 박충열 | 아동마케팅 김세라, 전현주, 정재성, 김보경, 정슬기, 이강원, 허성배, 신해임, 정재욱
출판지원팀장 이주연 | 출판지원 이형배, 양동욱, 강보라, 손성아, 전효정, 이우성 | 해외콘텐츠전략팀장 김무현 | 해외콘텐츠전략 강선아, 이아람
펴낸곳 (주)미래엔 | 등록 1950년 11월 1일 제16-67호 | 주소 서울특별시 서초구 신반포로 321
전화 미래엔 고객센터 1800-8890 팩스 541-8249 | 홈페이지 주소 www.mirae-n.com

BEDTIME MATH 3: THE TRUTH COMES OUT
Text copyright ⓒ 2015 by Laura Overdeck. Illustrations copyright ⓒ 2015 by Jim Paillot.
Published by arrangement with Feiwel and Friends, All right reserved.

Korean Translation Copyright ⓒ 2015 by Mirae N CO., Ltd.
Korean translation right arranged with St. Martin's Press, LLC. through EYA(Eric Yang Agency)

이 책의 한국어판 저작권은 EYA(Eric Yang Agency)를 통해 St. Martin's Press, LLC.와 독점 계약한 (주)미래엔에 있습니다.
저작권법에 의하여 한국 내에서 보호를 받는 저작물이므로 무단전재와 복제를 금합니다.

ISBN 978-89-378-8660-7 67410   ISBN 978-89-378-8661-4(세트)

* 책값은 뒤표지에 있습니다.
* 파본은 구입처에서 교환해 드리며, 관련 법령에 따라 환불해 드립니다. 다만, 제품 훼손 시 환불이 불가능합니다.
* 이 도서의 국립중앙도서관 출판시도서목록(CIP)은 e-CIP홈페이지(http://www.nl.go.kr/ecip)에서 이용하실 수 있습니다.(CIP 제어 번호 : CIP2015005341)

 아이세움 은 (주)미래엔의 어린이책 브랜드입니다.

베드타임 매쓰 3

밤마다 궁금해지는 수학 퀴즈

글 로라 오버덱 | 그림 짐 페일럿 | 옮김 이영희

Mirae N 아이세움

머리말

《베드타임 매쓰》는 어떤 책일까요? 자기 전에 아이에게 수학 이야기책을 읽어 주세요. 책을 자주 접한 아이가 책 읽기를 좋아하게 되는 것처럼, 수학책을 가까이한 아이는 수학을 사랑하게 됩니다. 《베드타임 매쓰》의 목표는 명확합니다. 놀고 싶어 하고 간식을 먹고 싶어 하듯, 아이들 스스로 하고 싶게 만드는 수학 활동을 제공하는 것입니다. 이 책을 통해 아이들은 수가 얼마나 재미있는지, 수학이 평범한 일상 속에 얼마나 폭넓게 쓰이고 있는지 알게 될 것입니다.

《베드타임 매쓰》로 수학의 매력을 느껴 보세요. 아이가 처음 수학을 시작할 때 첫 단추를 잘 끼워 주세요. 강아지를 좋아한다거나 자동차 놀이나 블록 놀이를 즐긴다면 그런 것을 소재로 수학을 접하게 해 주세요. 저는 베드타임 매쓰 웹사이트에 아주 재미있고 새로운 수학 문제를 하루에 하나씩 올리고 있어요. 또 《베드타임 매쓰》 1, 2권에도 재치 있는 그림이 곁들여진 다양한 수학 소재가 실려 있지요. 그리고 이 책, 《베드타임 매쓰》 3권은 세상에 존재하는 여러 가지 놀라운 사실을 통해 수학이 우리 가까이에 있다는 것을 분명히 느끼게 해 줄 거예요.

《베드타임 매쓰》로 기본 연산을 연습할 기회를 주세요. 아이를 닦달해서 문제집을 풀리는 대신 수를 편하게 느끼고 자유자재로 다룰 수 있는 기회를 제공해 주세요. 이야기책을 읽을 때마다 모르는 단어를 찾기 위해 읽기를 멈춘다면 참 재미없겠지요? 마찬가지로 수학 시간에 좀 더 도전적인 문제를 배우는 과정에서 7+4나 9×3을 어떻게 계산하는지 다시 떠올려야 한다면 흥미를 느끼기가

어렵습니다. 아이가 진짜 수를 이해하고 기본 연산을 쉽게 할 수 있어야 더 어려운 문제를 풀려고 시도할 테고, 그런 과정을 통해 진짜 수학의 재미를 느끼게 될 것입니다.
《베드타임 매쓰》를 아이에게 읽어 주면서 수학을 즐기게 됐다고 말하는 어른이 의외로 많습니다. 수학은 아주 재미있고 흥미로우며 누구나 할 수 있는 것이거든요.

수학을 즐기는 아이의 미래는 달라집니다. 《베드타임 매쓰》로 아이가 수학을 좋아하게 해 주세요. 발명가가 되어 신약을 개발하거나, 청정에너지를 만들어 지구를 살리고, 전자파가 나오지 않는 전자 제품을 발명해 사회에 도움을 주고 싶다는 아이가 꿈을 이루려면 수학적 능력이 밑바탕되어야 합니다.
요즘은 인터넷을 통해 정확하든 정확하지 않든 많은 양의 정보가 홍수를 이룹니다. 그런 정보를 잘 걸러서 받아들이고, 비판적으로 바라보며 행동에 옮기기 위해서는 예리한 눈이 필요합니다. 아이가 이런 거대하고 복잡한 세상에서 살아남는 것을 넘어 자립하는 데 필요한 모든 준비를 차근차근 해 나가기를 바랍니다. 그리고 재미있고 특별한 이 책,《베드타임 매쓰》가 그 출발점이 될 것입니다.

《베드타임 매쓰》 활용법

쩔쩔매지 마세요. 어려운 문제를 억지로 풀리지 말고 아이에게 가장 잘 맞는 단계를 선택하세요. 《베드타임 매쓰》에서는 나이나 학년에 따라 문제를 나누지 않고 '1단계', '2단계', '3단계'로 구분합니다.
1단계는 유아기부터 수학을 접할 수 있도록 쉬운 문제로 구성했습니다. 2단계에는 손가락으로 헤아리는 것을 넘어 큰 한 자릿수나 두 자릿수의 덧셈, 간단한 뺄셈, 곱셈에 도전할 수 있는 문제가 나옵니다. 3단계에서는 큰 수를 가지고 노는 것이 얼마나 신나는 일인지를 느끼게 해 줍니다. 마지막으로 조금 더 어려운 문제에 도전하고 싶은 아이를 위해 2권에서는 '보너스' 단계를 추가했습니다.

시험이 아니에요. 《베드타임 매쓰》는 아이와 책을 읽고 대화를 나누면서 정답을 이끌어 내는 과정을 즐기는 데 의의가 있습니다. 아이가 정답을 얼마나 빠르게 맞히는지 시험하지 마세요. 이야기를 재미있게 읽은 뒤에 함께 큰 소리로 수학 문제를 읽고 생각할 시간을 주세요. 필요하다면 얼마든지 힌트를 주어도 좋습니다.

걱정하지 마세요. 아이가 긴장하지 않을까 걱정하지 마세요. 우리는 지금까지 그런 아이를 본 적이 없습니다. 예로부터 아이를 재울 때 '양 한 마리, 양 두 마리······.' 하고 헤아리는 방법이 있었지요. 이처럼 수는 마음을 편안하게 해 줍니다. 아이는 침착하게 수학 문제를 풀고, 생각보다 훨씬 잘 집중해요. 게다가 뭔가를 해내면서 하루를 마무리하는 것만으로 아이에게 성취감을 심어 줄 수 있지요.

하루 중 어느 때라도 좋습니다. 이야기책은 주로 저녁에 많이 읽어 주기 때문에 저녁 시간을 자주 언급하긴 했지만, 아침 식사 시간이나 차 타고 이동하는 시간, 목욕 시간 등 하루 중 어느 때라도 《베드타임 매쓰》를 펼치세요. 아이와 함께 《베드타임 매쓰》 읽는 시간을 일과로 만든다면, 자연스럽게 습관이 될 것입니다.

함께 도전하세요. 《베드타임 매쓰》를 아이와 같이 읽으면 한 단계 넘어섰을 때의 기쁨을 함께 만끽할 수 있습니다. 난생처음 큰 두 수를 더하거나 5×5를 할 때, 아이의 사고가 훌쩍 자라는 마술 같은 일이 일어난답니다. 학교 선생님은 한꺼번에 여러 학생과 수업하기 때문에 이 같은 변화를 누리기 어렵지요. 아이가 더 어려운 문제를 풀고 싶어 할 때, 함께 도전한 보람이 분명히 있을 거예요.

수는 참 매력적이랍니다. 다시 한 번 말하지만, 우리는 "지긋지긋하게, 자기 전에 이야기책을 또 읽는다고?"라고 말하는 사람을 본 적이 없습니다. 마찬가지로, 수학에 대해서도 그렇게 말할 이유가 절대로 없다는 걸 명심하세요. 수는 정말 매력적이에요. 《베드타임 매쓰》는 아이가 흥미로워하는 소재에 수학적 요소를 잘 버무렸어요. 《베드타임 매쓰》 3권을 읽으며 수의 매력에 빠져 봅시다.

자, 이제 출발해 볼까요?

차례

우주에서 아이스크림 먹기	10
음식 따라 미국 여행	12
빨간색 헛간	14
영혼을 치유하는 마시멜로	16
이랴, 달려라! 달려!	18
달 착륙 작전	20
엄청나게 번식하는 바나나	22
엄청난 모래의 무게	24
누가 체리나무를 도끼로 찍었지?	26
감자 맛인지 양파 맛인지 감 잡아 봐	28
진실을 밝혀라	30
잠자리에 들 수 없는 곳	32
우연히 탄생한 아이스바	34
피라미드 건축법	36
오른발에 왼쪽 신발	38
벽지를 청소해 드립니다	40
제멋대로 박혀 있는 초콜릿 칩	42
뭔가 잘못되고 있는 느낌	44
새대가리	46
보라색 당근	48

재미있는 곤충의 영어 이름	50
땅콩과 콩	52
에베레스트 산이 자란다고?	54
엄청난 행운	56
진짜 공포	58
톡 쏘는 탄산음료	60
뼈가 흔들흔들	62
눈싸움은 내가 최고!	64
백작을 위한 식사	66
표지판을 보여 줘	68
점점 불어나는 돈	70
쏜살같이 흐르는 시간	72
와플과 아이스크림의 만남	74
식물처럼 꼼짝 않고 있기	76
뱀이 허물을 벗는 이유	78
눈 내리게 하는 법	80
뉴턴과 중력	82
파이를 던져라	84
거스름돈 챙기기	86

우주에서 아이스크림 먹기

사실 우주에서는 물기 있는 음식을 먹을 수가 없어. 중력 때문에 음식 속 수분이 분리되어 온 사방에 떠다니기 때문이지. 그렇다고 아이스크림까지 못 먹는 건 아니야. 1960년대 '월풀'이라는 회사에서 우주 비행사용 아이스크림을 만들었거든. 코코넛 지방, 설탕, 우유 지방, 그리고 다른 재료를 냉동 건조해 초콜릿 맛, 바닐라 맛, 딸기 맛이 차례로 들어 있는, 차갑지도 않고 수분도 없는 아이스바를 만들었대. 우주 비행사가 우주에서 이걸 먹은 적이 있느냐고? 물론이지. 딱 한 번, 1968년 우주여행에서 먹긴 했는데, 두 번 먹을 만큼 맛있지는 않아서 그날 이후로 절대 안 먹었대. 대신 지금도 과학관을 방문하는 사람들은 기념 삼아 그 수분 없이 건조한 아이스바를 맛본다고 해. 어떤 맛일지 진짜 궁금하지 않니?

우주 비행사는 어떤 아이스크림을 먹을까?

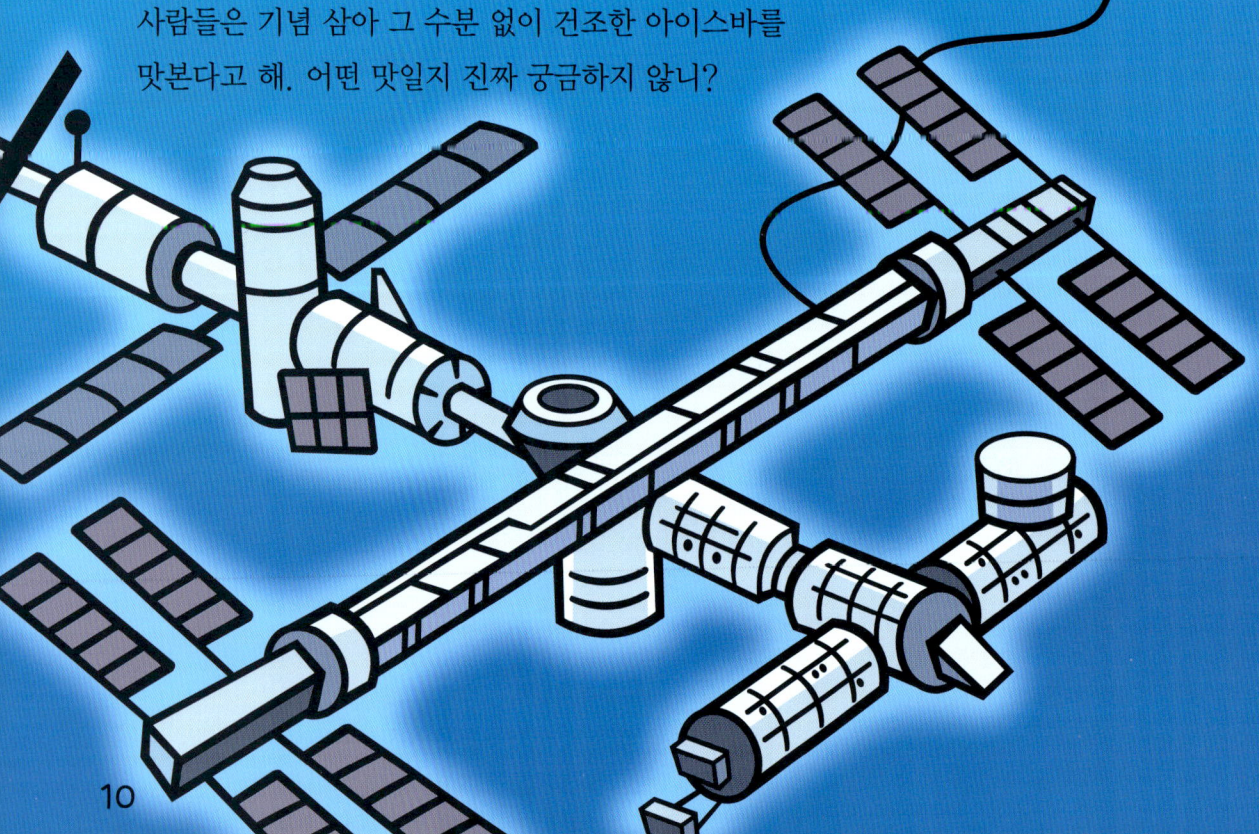

퀴즈? 퀴즈!

🚀 **1단계** : 우주 비행사용 아이스크림을 만들 때 코코넛 지방, 설탕, 우유 지방과 초콜릿이 들어간다면 재료는 모두 몇 가지일까?

🚀🚀 **2단계** : 네가 초콜릿 맛, 바닐라 맛, 딸기 맛이 각각 줄무늬로 들어 있는 우주 비행사용 아이스바를 3개 먹는다면, 모두 몇 개의 줄무늬를 먹게 되는 걸까?

🚀🚀🚀 **3단계** : 우주 비행사가 각각 150그램짜리 달 모양 박하사탕 봉지, 행성 모양 땅콩사탕 봉지, 그리고 큰 막대사탕 봉지를 뜯었는데 그중 120그램이 부스러져 사방에 떠다니고 있어. 멀쩡한 사탕은 몇 그램 남았을까?

⭐ **보너스** : 오전 11시 58분에 로켓을 발사하고, 오후 1시 11분에 우주 비행사용 아이스바를 먹을 예정이야. 로켓 발사 후 아이스크림을 먹기까지 얼마나 기다려야 할까?

정답 : 4가지 / 9개 / 330그램 / 1시간 13분

음식 따라 미국 여행

미국의 마을은 웨스트필드라든지 미들타운같이 마을 이름처럼 들리는 지명으로 부르는 경우가 대부분이야. 이름이 평범한 마을은 거기서 어떤 신기한 일이 일어날지 별로 궁금하지도 않지. 그런데 이런 마을 이름은 들어 봤니? 짜잔~ 어니언타운! 우리말로는 양파 마을이지 뭐야. 미국에는 특별히 음식 이름을 딴 마을이 있어. 이름을 들으니 마구마구 궁금증이 솟지 않아? 펜실베이니아 주 어니언타운에는 다른 마을보다 양파가 더 많이 날까? 뉴저지 주 치즈퀘이크에는 다른 곳보다 치즈가 많을까? 미네소타 주 햄레이크(레이크는 우리말로 호수)에는 정말 햄이 둥둥 떠 있는 호수가 있을까? 실제로 플로리다 주 피크닉에서는 주어진 바구니가 가득 찰 만큼 먹고 싶은 음식을 가져올 수 있다고 해.

어니언타운이 정말 있을까?

퀴즈? 퀴즈!

1단계 : 놀라지 마. 진짜 미국 마을 이름이니까. 인디애나 주의 베이컨, 캔자스 주의 버터밀크, 미시시피 주의 핫커피, 미네소타 주의 햄레이크 또는 텍사스 주의 오트밀 중 한 곳에 들러 아침을 먹으려고 해. 네가 고를 수 있는 마을은 모두 몇 곳인지 세어 봐.
넌 그중 어디에서 아침을 먹고 싶니?

2단계 : 지금은 오전 10시야. 매사추세츠 주 샌드위치라는 마을에서는 정오에 샌드위치로 점심을 먹는다고 해. 샌드위치를 먹으려면 얼마나 더 기다려야 할까?

3단계 : 디저트를 먹기 위해 텍사스 주 초콜릿베이유에서 뉴멕시코 주 파이타운까지 약 1,770킬로미터를 운전하고, 다시 아이다호 주 슈가시티로 약 1,300킬로미터를 운전해서 갔어. 디저트를 먹기 위해 모두 몇 킬로미터나 운전했을까?

보너스 : 플로리다 주 투에그(우리말로 달걀 2개) 마을 주민 300명 중 절반이 달걀을 2개씩 먹고, 나머지는 각각 4개씩 먹는다고 해. 이 마을 주민이 먹은 달걀은 모두 몇 개일까?

빨간색 헛간

'크레욜라'라는 이름 들어 봤니? 아마도 세계에서 가장 큰 크레용 회사일 거야. 그런데 이 회사가 처음부터 아이나 미술, 또는 장난감을 염두에 두고 사업을 시작한 건 아니야. 1800년대 '비니와 스미스'라는 화학 회사가 당시 거의 모든 사람이 나무색이 바래도록 내버려 두어 회색으로 변한 헛간을 예쁘게 칠할 수 있도록 빨간색 염료를 만들었대. 또 자동차 타이어에 쓰일 검은색 염료를 만들었는데, 그 염료를 입힌 타이어는 하얀색 타이어보다 더 강하고 튼튼했다고 해. 그러던 어느 날 이 회사 사장이 먼지가 나지 않는 신제품 분필을 팔기 위해 학교를 방문했다가 아이들 손에 묻지 않는 왁스 크레용을 만들어 달라는 교사의 부탁을 받았어. 몇 년 뒤 지금의 크레용을 만들기 시작하면서 회사 이름도 크레욜라로 바꾼 거야. 빨간색과 검은색으로 시작했지만 지금은 마카로니 치즈색, 망고 탱고색을 포함해 120가지가 넘는 다양한 색깔의 크레용을 만들고 있지.

헛간과 크레용은 무슨 관계가 있을까?

1단계 : 노란색, 빨간색, 주황색 크레용을 덧칠해 그림을 그린다면, 모두 몇 가지 색을 사용한 걸까?

2단계 : 크레용 상자에 노란색, 연노란색, 샛노란색, 진노란색 크레용과 노란색이 섞여 있는 서로 다른 3가지 색깔의 크레용이 들어 있다면, 노란색이 들어 있는 크레용은 몇 자루일까?

3단계 : 거대한 야광 정글을 그리려고 해. 노란색 네온 크레용 5자루와 그것보다 2배나 많은 녹색 네온 크레용, 노란색 네온 크레용과 녹색 네온 크레용을 합한 것보다도 3자루나 더 많은 파란색 크레용을 사용한다면, 모두 몇 자루의 크레용을 사용한 걸까?

★ **보너스 :** 72색 크레용에는 금, 은, 동의 멋진 금속색도 들어 있어. 금속색은 크레용 전체 중 얼마에 해당할까? 분수로 나타내 봐.

정답 : 3가지 / 7자루 / 33자루 / 1/24

영혼을 치유하는 마시멜로

핫 초콜릿을 마실 때 마시멜로를 듬뿍 넣고 싶지만, 건강에 좋을 리가 없다는 것을 알기 때문에 조금만 넣게 돼. 그런데 그 달콤하고 하얗고 말랑말랑한 것이 한때는 병을 치료하는 약이었다니, 그 시절 아이들은 얼마나 좋았을까? 아주 오래전에 사람들은 건강식품으로 '마시 멜로'라는 식물의 꽃을 먹었어. 그러다가 1800년대에 프랑스 사람들이 그 식물의 뿌리를 간 다음, 그 가루가 잘 엉키도록 끈적거리는 것을 섞고 맛을 좋게 하기 위해 설탕을 첨가해 마시멜로를 만들었지. 오늘날에도 거의 같은 방법으로 마시멜로를 만들기는 하지만, 그 식물의 뿌리를 사용하지는 않아. 그 뿌리를 사용하면 더 맛있고 건강에도 좋은 마시멜로를 만들 수 있을 텐데, 지금은 맛볼 수 없다니 좀 아쉽긴 해.

마시멜로가 건강에 좋다고?

퀴즈? 퀴즈!

🟦 **1단계** : 요즘 마시멜로는 젤라틴, 설탕, 버터, 바닐라와 소금으로 만드는 반면, 아주 오래전에는 껌, 설탕, 식물 뿌리로 만들었다고 해. 언제 더 많은 종류의 재료가 들어갔을까?

🟦🟦 **2단계** : 40개들이 마시멜로 봉지를 뜯어서 10개씩 묶으려고 해. 몇 묶음이 나올까?

🟦🟦🟦 **3단계** : 네가 고무총으로 쏜 마시멜로가 15미터를 날아가 벽에 맞고 6미터를 튕겨 나온 후 다시 네 쪽으로 2미터를 굴렀다면, 그 마시멜로는 너와 몇 미터 떨어져 있을까?

⭐ **보너스** : 처음에는 코코아, 두 번째는 마시멜로를 넣은 코코아, 그다음은 휘핑크림을 넣은 코코아 만들기를 반복한다면, 134번째는 어떤 코코아일까?

정답 : 오늘 / 4묶음 / 7미터 / 마시멜로를 넣은 코코아

이랴, 달려라! 달려!

달리는 말에 채찍질하라고?

너희 집이 말을 키우는 농장이 아니라면 살아 있는 말이 집 근처를 왔다 갔다 하는 일은 없을 거야. 그런데 사람들이 네게 '달리는 말에 채찍질 좀 해 봐라.'라고 한다면 그게 무슨 뜻일까? 너에게는 키우는 말도 없는데 말이지. 다행히도 그 말은 네가 말을 탄 다음 고삐를 잡고 달리는 말에 채찍질해야 한다는 뜻은 아니란다. 단지 '잘하고 있을 때 더 힘을 써서 잘해 봐.'라는 뜻이야. 달리는 말에 채찍질하면 말이 더 빨리 달리는 것을 빗대어 하는 말이지. 그러니까 저 말을 들었다고 해서 말을 사 달라고 부모님을 조를 필요는 없어.

퀴즈? 퀴즈!

1단계 : 말은 다리가 4개고, 사람은 다리가 2개야. 누구 다리가 더 많을까?

2단계 : 농장 체험을 하러 가서 네 친구는 말 6마리에게, 너는 8마리에게 먹이를 주었다면 네가 친구보다 몇 마리에게 더 먹이를 준 걸까?

3단계 : 네가 1시간에 23킬로미터의 속력으로 자전거를 타는데, 말이 그것보다 2배 더 빠르다면 말을 탔을 때 1시간에 얼마의 속력으로 달리게 될까?

보너스 : 로데오 대회가 열렸는데, 사람 수가 말보다 2배 더 많아. 말과 사람을 모두 합해 24개의 다리가 있다면, 말은 모두 몇 마리일까?

정답 : 말 / 2마리 / 46킬로미터 / 3마리

달 착륙 작전

우주 비행사는 우주에서 아이스크림을 먹는 것 외에도 많은 모험을 해. 1969년에 닐 암스트롱은 달에 착륙해서 미국 국기를 꽂았어. 하지만 달 착륙선이 이륙하자마자 국기가 넘어져 버렸단다. 착륙선 너무 가까이 꽂았기 때문이래. 그 뒤 달에 도착한 다른 우주 비행사들도 자기 나라 국기를 달에 꽂았어. 하지만 모두 하얀색으로 변하고 말았지. 태양의 강한 빛을 약하게 만들 수 있는 기체가 달에는 거의 없기 때문이야.

아폴로 14호의 우주 비행사 앨런 셰퍼드가 달에서 친 골프공은 지구에서보다 6배나 더 멀리 날아갔어. 달의 중력이 지구의 중력보다 약해서 그런 거래.

또 아폴로 15호가 달을 탐사할 때 데이비드 스콧은 깃털과 망치를 떨어뜨려 그 둘이 떨어지는 속력이 같다는 것을 보여 주었는데, 그 이유도 깃털을 떠 있게 해 줄 기체가 거의 없기 때문이지. 달에 가서 이런 게임을 하면 참 재미있을 텐데, 우리가 숨 쉬기 위해 필요한 공기가 달에는 없다는 게 문제야.

우주 비행사는 달에서 어떤 일을 했을까?

퀴즈? 퀴즈!

● **1단계 :** 달에 도착했더니 6개 나라의 국기가 꽂혀 있었어. 네가 태극기를 하나 더 꽂았다면, 달에는 몇 개의 국기가 꽂혀 있을까?

●● **2단계 :** 달에서는 지구보다 3배나 높이 뛰어오를 수 있대. 지구에서 공중으로 60센티미터 뛰어오를 수 있다면, 달에서는 바닥에 꽂아 놓은 150센티미터짜리 높이의 국기를 뛰어넘을 수 있을까?

●●● **3단계 :** 달에서는 지구보다 물체가 공중에 6배나 더 오래 머무를 수 있다고 해. 지구에서 공중제비를 넘는 데 4초가 걸렸다면 달에서는 얼마나 걸릴까?

★ **보너스 :** 암스트롱이 우주복을 입고 달에 남긴 발자국은 길이가 120센티미터쯤 되었을 거야. 만약 어른 발자국 길이가 30센티미터 정도라면, 암스트롱의 발자국은 몇 배나 긴 걸까?

정답 : 7개 / 응, 뛰어넘을 수 있지 / 24초 / 4배

엄청나게 번식하는 바나나

과일이라고 하면 대부분 사과, 오렌지, 바나나 같은 흔한 것을 마음속에 생각하게 돼. 그런데 바나나는 사과, 오렌지에 비해 좀 특이한 과일이야. 바나나나무는 바질이나 오레가노 같은 허브인데, 우리가 바나나라고 부르는 노란 막대기는 바나나나무의 열매야. 포도나 딸기와 달리 바나나 열매를 땅에 심어도 바나나나무가 자라지는 못해. 바나나나무를 번식시키려면 다른 바나나나무의 일부분을 잘라 땅에 심어야 하지. 다행스럽게도 바나나나무는 아주 빨리 자라고 정말 잘 번진단다. 네가 바나나를 좋아한다면 바나나가 없어서 못 먹을 걱정은 하지 않아도 될 거야.

바나나가 정말 과일일까?

퀴즈? 퀴즈!

🍌 **1단계 :** 원숭이는 바나나 2개를, 너는 사과 2개를 가지고 있다면 과일은 모두 몇 개가 있는 걸까?

🍌🍌 **2단계 :** 바나나나무가 1년 동안 2미터 자랄 수 있고, 너는 1년에 바나나나무의 $\frac{1}{10}$ 만큼 자란다면, 지금부터 1년 뒤 네 키는 얼마일까?

🍌🍌🍌 **3단계 :** 학교 운동장에 바나나나무 3그루를 심어 놓았는데, 그 수가 매년 3배씩 늘어난다고 해. 지금부터 2년 뒤 운동장에는 바나나나무가 몇 그루 있을까?

⭐ **보너스 :** 배고픈 고릴라가 바나나 36개를 같은 개수의 다발로 묶으려고 해. 한 다발에 2개 혹은 그 이상 들어가도록 묶는 방법은 몇 가지나 될까?

정답 : 4개 / 27그루 / 20센티미터를 더하면 된다 / 7가지(2, 3, 4, 6, 9, 12 혹은 18째 나누어 묶는다)

23

엄청난 모래의 무게

바닷가 백사장에 서서 손가락 사이로 모래를 떨어뜨리면, 모래는 모두 공기 중으로 날아가 버리지. 물론 다른 사람의 얼굴이나 심지어 네 얼굴에 달라붙기도 하고 말이야. 믿기 어려운 사실은, 이렇게 보슬보슬한 모래가 정말 무겁다는 거야. 모래성을 쌓으려고 모래 한 양동이를 끙끙거리면서 옮겨 보았다면, 어떻게 가루가 그토록 무거운지 의아했을 거야. 모래의 종류나 모래에 포함된 수분 비율 등에 따라 무게가 제각각 다를 수도 있지만, 젖은 모래 1리터(10센티미터×10센티미터×10센티미터)의 무게는 약 1,600그램이래! 그래서 그렇게 무거웠던 거지. 심지어 마른 모래도 1리터의 무게가 800그램 정도 되고, 그걸 작은 신발 상자에 한가득 담으면 약 9~14킬로그램까지 나갈 수도 있대. 그러니까 커다란 모래성을 쌓는 것은 실제로 어마어마한 체력을 소모하는 일인 셈이지.

무거운 모래를 운반할 좋은 방법이 없을까?

퀴즈? 퀴즈!

🪣 **1단계 :** 무게가 각각 3킬로그램인 물과 모래가 있어. 어떤 것이 더 무거울까?

🪣🪣 **2단계 :** 3컵의 모래 위에 2컵, 다시 그 위에 1컵의 모래를 쌓아 모래성을 만들었어. 모두 몇 컵의 모래를 사용했을까?

🪣🪣🪣 **3단계 :** 몸무게가 1,000킬로그램이나 되는 코뿔소가 널 향해 달려오고 있어. 넌 코뿔소의 몸무게만 한 모래로 벽을 쌓아 코뿔소를 막을 생각이야. 모래벽을 쌓으려면 50킬로그램짜리 모래주머니가 몇 개나 필요할까?

⭐ **보너스 :** 몸무게 1,000킬로그램인 코뿔소가 1,250킬로그램인 사촌 코뿔소와 함께 돌진해 온다면, 50킬로그램짜리 모래주머니가 몇 개 있어야 그 두 코뿔소의 무게와 같을까?

정답 : 물과 / 6컵 / 20개 / 45개

누가 체리나무를 도끼로 찍었지?

미국의 첫 번째 대통령인 조지 워싱턴은 정말 대단한 사람이 틀림없어. 그런데 그가 항상 진실만 말했다는 것이 사실일까? 알려진 것처럼 그가 정말로 체리나무를 베어 넘어뜨렸을까? 워싱턴가의 친구인 파슨 윔스가 쓴 아주 오래된 책에 따르면, 조지 워싱턴 대통령은 여섯 살 때 작은 도끼를 가지게 되었대. 어린 조지 워싱턴은 아주 신이 나서 마당의 체리나무를 도끼로 찍어 보았지. 그런데 나무껍질이 너무 많이 파이는 바람에 결국 체리나무는 죽고 말았어. 아빠가 어찌 된 일인지 물었을 때, 조지 워싱턴은 솔직하게 자신이 한 일을 고백했다고 해. 자, 그럼 이제 에이브러햄 링컨 대통령이 정말로 책을 빌리러 도서관까지 약 27킬로미터를 걸어갔는지 알아볼까?

워싱턴 대통령은 왜 거짓말을 할 수 없었을까?

퀴즈? 퀴즈!

🍒 **1단계** : 조지가 일주일 동안 매일 나무를 1그루씩 베었다면, 모두 몇 그루의 나무를 벤 걸까?

🍒🍒 **2단계** : 나무 14그루를 베고 나서 4그루를 더 베었어. 추가로 벤 나무를 이어서 세려면 숫자를 몇부터 세어야 할까?

🍒🍒🍒 **3단계** : 나무 1그루에서 20개의 가지를 자르고 다듬어 가지 1개당 널빤지 4장씩 만들 수 있다면, 보트를 만들 때 쓸 널빤지가 몇 장이나 나올까?

⭐ **보너스** : 나뭇가지 1개로 장난감 보트 1척, 아니면 책을 좋아하는 링컨 대통령을 위해 책을 3권 만들 수 있어. 링컨 대통령을 위해 장난감 보트보다 2배 많은 수의 책을 만든다면, 나뭇가지 10개로 만들 수 있는 장난감 보트와 책의 개수는 각각 몇 개일까?

감자 맛인지 양파 맛인지 감 잡아 봐

양파, 감자, 사과가 같은 맛이 날 수도 있을까?

생양파는 냄새가 강한 음식 재료 중 하나인데, 그것은 바로 생양파가 뿜어내는 황 때문이야. 문제는 냄새가 강하다는 것이 일반적으로 '가장 맛있는' 건 아니라는 거지. 어쩔 수 없이 생양파를 먹어야 한다면 코를 잡고 한 입 먹어 봐. 놀랍게도 강한 냄새가 잘 느껴지지 않을 거야. 사실 코를 잡고 생양파, 사과, 그리고 생감자를 한 입씩 먹어 보면 맛의 차이를 거의 못 느낄걸? 한번 시도해 봐! 하지만 각오는 좀 해야 할 거야. 코를 막아서 생양파의 매운맛과 냄새는 잘 느끼지 못한다고 해도 눈물을 흘릴 수도 있을 테니 말이야.

퀴즈? 퀴즈!

1단계 : 생양파를 먹고 있는 왼쪽 그림 속의 남자아이는 눈물을 몇 방울이나 흘리고 있니?

2단계 : 코를 잡고 생양파를 먹은 다음 사과를, 그다음은 생감자를 순서대로 계속 먹는다면, 7번째 먹는 것은 무엇일까?

3단계 : 너와 네 친구가 용감하게 생양파를 먹기로 했어. 생양파를 씹은 후 눈물이 나기까지 너는 23초, 네 친구는 17초 걸렸다면, 누가 얼마나 더 오래 버틴 걸까?

보너스 : 네가 생양파, 사과, 그리고 생감자를 각각 360그램씩 먹는다면, 전부 합해서 몇 그램을 먹는 걸까?

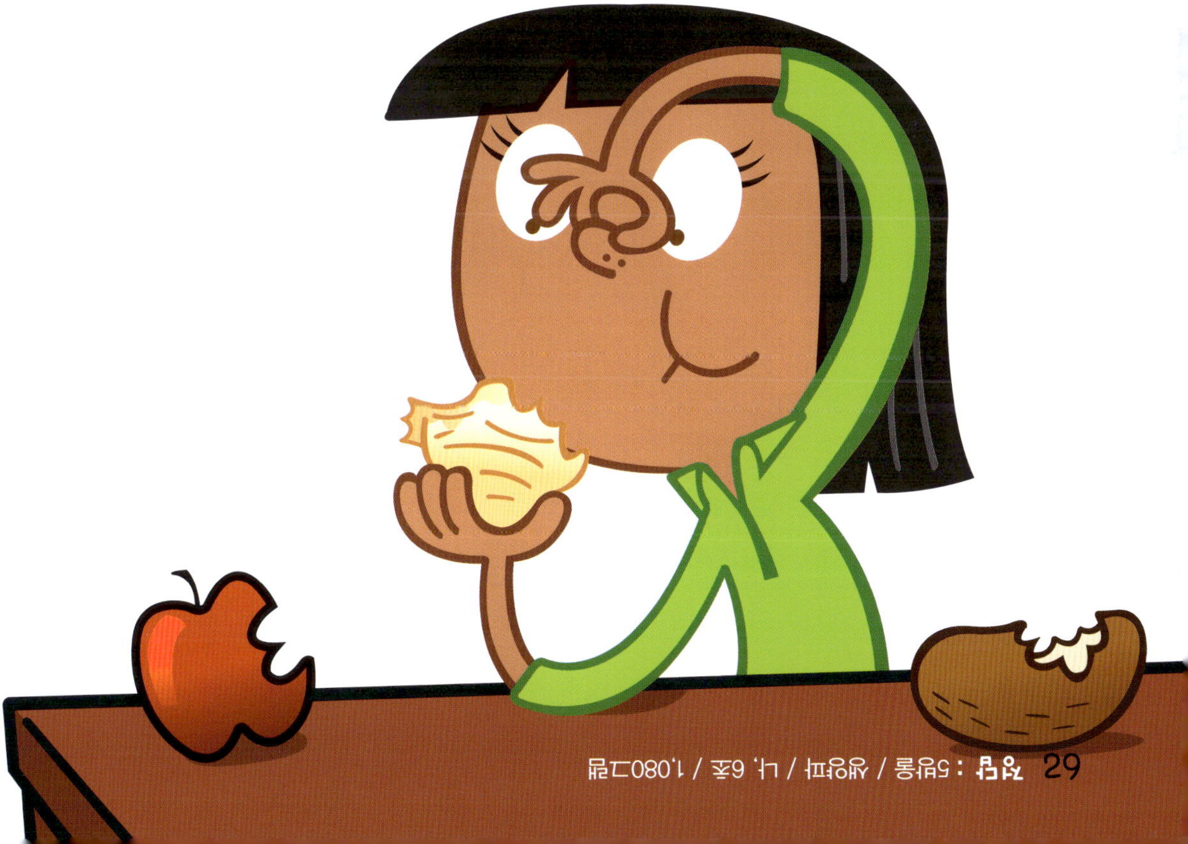

정답 : 5방울 / 생양파 / 나, 6초 / 1,080그램

진실을 밝혀라

우리 늘 크리스토퍼 콜럼버스가 아메리카 대륙을 발견했다고 이야기해 왔어. 하지만 이젠 그 기록을 바로잡을 필요가 있다고 생각해. 사실 콜럼버스는 아메리카 대륙 본토에 도착하지 못했어. 1492년, 콜럼버스는 지금은 바하마라고 불리는 섬에 도착했을 뿐이야. 콜럼버스는 그 바하마가 아시아의 일부라고 생각했지. 스페인에서부터 3번이나 더 왕복 여행을 한 후에도 그는 여전히 아메리카 대륙에 도착하지 못했고, 그 섬들이 아시아가 아니라는 사실도 몰랐다고 해. 오늘날 '아메리카'라는 이름은 1499년 브라질에 도착한 '아메리고 베스푸치'라는 이탈리아 탐험가의 이름을 따서 붙인 거야. 아메리고가 바로 그곳이 '신대륙'이라는 것을 알아낸 사람이기 때문에 아메리카라고 부르게 된 거지. 반대로 말해 아메리카를 크리스토퍼 콜럼버스의 이름을 따서 '크리스토피카'라고 부르지 않는 이유는, 콜럼버스가 아메리카 대륙을 발견한 사람이 아니기 때문이야.

아메리카 대륙을 발견한 사람이 콜럼버스일까?

퀴즈? 퀴즈!

🚢 **1단계** : 왼쪽 그림의 배를 잘 보렴. 돛은 모두 어떤 모양이니?

🚢🚢 **2단계** : 콜럼버스가 서쪽으로 첫 항해에 나서 바하마 섬에 도착했고, 그다음 동쪽으로 항해해 유럽에 도착했다가 3번째 항해에서는 다시 바하마로 돌아왔어. 이를 계속 반복한다면, 7번째에는 어느 쪽으로 항해할까?

🚢🚢🚢 **3단계** : 1492년 콜럼버스가 항해한 지 몇 년 후에 베스푸치가 신대륙에 처음 도착한 걸까?

⭐ **보너스** : 콜럼버스의 1492년 항해 500주년 기념행사는 몇 년에 열렸을까?

정답 : 삼각형과 사각형(세모와 네모) / 서쪽 / 7년 후 / 1992년

온종일 밤일 수도 있을까?

잠자리에 들 수 없는 곳

지구가 태양 주위를 회전할 때, 약간 기울어진 상태로 돌고 있어.
그래서 1년 중 얼마 동안은 지구의 북반구가 태양 쪽으로 기울면서
더워지는데, 6월부터 9월에 이르는 이 기간을 여름이라고 하지.
남반구에서는 그 반대 시간대인 12월부터 3월까지가 뜨거운 여름이야.
더 신기한 것은 여름에 북쪽으로 가까이 가면 갈수록 낮 동안 태양이 더 오래
머문다는 사실이야. 북극권을 지나가게 되면 온종일 태양을 볼 수 있을 정도야.
반면 겨울에는 정반대가 돼. 북극에서는 온종일 태양을 볼 수 없는 밤이
계속되지. 그리고 남극은 온종일 태양이 머물러 그곳의 펭귄들은
결국 밤을 맞이할 수 없게 된단다. 우리가 그 펭귄이라면 어떨까?
온종일 자지 않고 놀 수 있으니 아주 신날지도 몰라.

퀴즈? 퀴즈!

🐧 **1단계 :** 남극 대륙에 그제는 3시간, 그리고 오늘은 2시간 동안 태양이 떴다면, 언제 더 오랫동안 태양이 떴을까?

🐧🐧 **2단계 :** 펭귄이 오늘까지 밤이 전혀 없이 21일 동안 지내 왔다면, 내일은 연속 며칠 동안 태양이 뜬 날이 될까?

🐧🐧🐧 **3단계 :** 펭귄이 결국 잠이 들어 오늘은 3시간, 내일은 4시간, 그다음 날은 5시간 동안 낮잠을 자려고 해. 펭귄은 3일 동안 모두 몇 시간이나 자게 되는 걸까?

⭐ **보너스 :** 넌 9시간 동안 잠을 푹 자고 싶은데, 태양이 밤 11시 30분부터 새벽 2시 15분까지만 진다면, 훤한 대낮에 얼마나 더 자야 할까?

정답 : 그제 / 22일 / 12시간 / 6시간 15분

우연히 탄생한 아이스바

아이스바는 누가, 어쩌다가 만들게 된 걸까?

1905년, 열한 살짜리 프랭크 에퍼슨이라는 아이가 '팝'이라고도 부르는 탄산음료를 만들기 위해 소다 가루에 물을 타서 막대로 젓고 있었어. 그런데 실수로 소다수가 담긴 양동이 안에 막대를 꽂아 놓은 채 밤새 내버려 두었고, 결국 그 소다수가 꽁꽁 얼어붙어 버렸지. 다음 날 아침, 프랭크가 깜짝 놀라 막대를 뽑았는데, 막대 끝에 과일 맛이 나는 큰 양동이 모양의 얼음 덩어리가 달려 있었던 거야. 그렇게 해서 '팝시클'이라는 아이스바가 탄생했어. 요즘은 당연히 아이스바를 훨씬 작게 만들지. 디저트로 먹는 아이스바가 양동이만 할 필요는 없으니까 말이야.

퀴즈? 퀴즈!

🍦 **1단계 :** 지금 네 나이는 프랭크가 팝시클을 처음 만들었을 때보다 더 어리니? 아니면 더 많니?

🍦🍦 **2단계 :** 냉동고에 넣어 작은 얼음 조각을 만드는 플라스틱 판에 과일 맛 음료수를 채우고 이쑤시개를 꽂아 두면 작은 아이스바를 만들 수 있어. 아이스바를 43개 만들어 10개씩 묶어서 다른 사람에게 나누어 주었다면 남은 아이스바는 몇 개일까?

🍦🍦🍦 **3단계 :** 12개들이 얼음 판 3개에 아이스바를 만든다면, 모두 몇 개나 만들 수 있을까?

⭐ **보너스 :** 아이스바 1박스에 레몬 맛 4개와 오렌지 맛 4개가 들어 있다면, 2개를 뽑을 때 같은 맛을 뽑을 가능성은 얼마나 될까?

정답 : 답이 크게 다를걸(자신의 나이를 11에 비교해 보자). / 3개 / 36개 / $\frac{3}{7}$ (레모네이드 아이스바 4개가 들어 있는 박스에서 맛 하나, 그리고 같은 맛 아이스바 3개가 남았으므로)

피라미드 건축법

대 피라미드는 이집트 사막에 있는 매우 큰 건축물인데, 측면이 삼각형으로 되어 있어. 약 5,000년이나 된 이 건축물을 완성하는 데만 20년 넘게 걸렸다고 해. 그러니 20년이 넘는 시간에 걸쳐 피라미드가 서서히 건축되는 것을 지켜보기만 해도 굉장한 일이었겠지. 피라미드 밑은 아주 넓어서 많은 돌이 필요했지만, 뾰족한 꼭대기에는 그리 많은 돌을 사용하지 않았어. 피라미드 전체를 건축하는 데 사용한 돌의 반이 피라미드 아랫부분 $\frac{1}{5}$을 차지하고 있대. 그 아랫부분 $\frac{1}{5}$을 건축하는 데 걸린 시간도 총 건축 시간의 반 정도를 차지했겠지. 사실 그 피라미드의 중간 높이까지 올라가면, 전체 사용한 돌의 $\frac{9}{10}$를 지나는 셈이야. 아무래도 꼭대기에 있는 몇 개의 돌을 쌓는 데는 그리 많은 사람이 필요하지 않았겠지. 그들 중 아무도 고소공포증이 없었기를….

대 피라미드에 사용한 돌의 반에 해당하는 높이는?

퀴즈? 퀴즈!

▲ **1단계 :** 피라미드가 삼각형 모양의 옆면 4개와 정사각형 모양의 밑면으로 이루어져 있다면, 모두 몇 개의 면이 있는 걸까?

▲▲ **2단계 :** 평평한 레고 블록으로 삼각형을 만드는데, 맨 밑줄에 4개, 그다음 줄에 3개, 마지막 꼭대기에 2개의 레고 블록을 사용했어. 모두 몇 개의 레고 블록을 쌓은 거지?

▲▲▲ **3단계 :** 거대 피라미드에 사용된 돌의 약 $\frac{9}{10}$이 피라미드의 아랫부분 반을 차지한다면, 윗부분 반에 있는 돌은 전체 피라미드의 얼마에 해당할까?

★ **보너스 :** 아랫부분에 사용한 180만 개의 돌이 전체 중 $\frac{9}{10}$에 해당한다면, 윗부분에는 몇 개의 돌을 사용했을까?

정답: 5면 / 9개 / $\frac{1}{10}$ / 200,000개

> 왼쪽 신발과 오른쪽 신발을 언제부터 구별했을까?

오른발에 왼쪽 신발

어쩌다가 오른쪽과 왼쪽 신발을 바꾸어 신게 되었을 때, 불편했던 경험이 있을 거야. 잘못 신은 신발이 엄지발가락과 발등을 누르기 때문이지. 그런데 놀랍게도 처음 발명한 이후 신발은 몇천 년 동안 왼쪽과 오른쪽 구분 없이 정확히 똑같은 두 짝으로 이루어져 있었대. 불과 200여 년 전쯤에야 신발 만드는 제화공들이 왼쪽과 오른쪽 신발을 다르게 만들기 시작했단다. 솔직히 오른쪽과 왼쪽 구별 없이 신발을 파는 것이 더 쉬웠을지도 몰라. 하지만 우리 발에는 지금 신발이 훨씬 더 편한 건 사실이지.

퀴즈? 퀴즈!

👞 **1단계** : 신발 1켤레는 모두 몇 짝이지?

👞👞 **2단계** : 신발을 한 발에 1짝씩 신고, 한 손에 1짝씩 들고, 머리에 1짝을 이고 있다면 몸에 있는 신발은 모두 몇 짝일까?

👞👞👞 **3단계** : 짝이 잘 맞는 표범 무늬 부츠 26켤레를 가지고 있다면, 왼쪽 부츠는 몇 짝일까?

⭐ **보너스** : 신발 가게에 12짝의 오른쪽 신발과 9짝의 왼쪽 신발이 있어. 네가 보지 않고 임의로 2짝의 신발을 고른 후 짝이 안 맞는 상태로 남겨질 오른쪽 신발의 개수 중 가장 큰 수는 무엇일까?

벽지를 청소해 드립니다

'플레이도'는 언제부터 장난감이 되었을까?

'플레이도'라는 장난감 찰흙은 색상도 다양할뿐더러 말랑말랑해서 잘 뭉개지기 때문에 다양한 모양을 만들기 좋아. 동글동글한 공, 납작한 장난감 팬케이크, 별 모양 장식품, 기다란 국수 가락도 만들 수 있지. 그런데 처음부터 이렇게 재미나게 사용하기 위해 이 장난감 찰흙을 만든 것은 아니야. 맨 처음 용도는 벽지 청소용이었다고 해. 1930년대에는 벽지를 진짜 종이로 만들었기 때문에 쉽게 더러워지곤 했어. 그래서 사람들은 '쿠탈'이라는 벽지 클리너를 벽지 위에 대고 톡톡 두드려 벽지에 붙은 먼지나 더러움을 제거하곤 했지. 그런데 비닐 벽지가 나오자 쿠탈 캔을 사는 사람이 없었어. 결국 쿠탈을 만드는 회사는 문을 닫을 지경이 되었지. 그때 한 교사가 쿠탈을 으깨 다양한 모양을 만드는 미술놀이를 할 수 있다는 것을 알았어. 그때부터 장난감 찰흙의 역사가 시작된 거야.

퀴즈? 퀴즈!

⭐ **1단계** : 쿠탈 캔 6개 중에서 1개를 장난감 찰흙으로 사용했어. 몇 개의 캔이 남았을까?

⭐⭐ **2단계** : 주황색, 연두색, 파란색, 분홍색, 다시 주황색으로 염색하기를 반복한다면, 주황색 다음에 염색하게 될 3가지 색깔을 순서대로 말해 봐.

⭐⭐⭐ **3단계** : 파란색 장난감 찰흙 캔 1개로 파란색 기린 4마리 혹은 파란색 개구리 16마리를 만들 수 있어. 찰흙 캔 1개의 반은 기린 만드는 데, 나머지 반은 개구리 만드는 데 쓰면 전체 몇 마리의 동물을 만들 수 있을까?

⭐ **보너스** : 집채만큼 큰 기린을 만들려고 해. 몸통 만드는 데 파란색 찰흙 캔 128개를 사용하고, 무늬를 만드는 데는 몸통의 $\frac{1}{8}$에 해당하는 주황색 찰흙 캔을 사용한다면, 모두 몇 개의 캔이 필요할까?

제멋대로 박혀 있는 초콜릿 칩

초콜릿 칩 쿠키가 탄생하기까지 아주 많은 노력이 필요했을 거야. 그렇지 않고서야 어떻게 오늘날 우리가 바닐라와 초콜릿이 기가 막힌 비율로 바삭하고 쫀득하게 섞인 완벽한 쿠키를 맛볼 수 있었겠어. 그런데 알고 보면 아주 우연한 사건으로 초콜릿 칩 쿠키를 만들게 되었대. 1930년, 루스 웨이크필드라는 사람이 반죽에 딱딱한 초콜릿 조각을 넣어 초콜릿 쿠키를 만들려고 했어. 사실 그는 초콜릿이 반죽에 녹아 섞일 거라고 기대했지. 그런데 이상하게도 녹은 초콜릿은 균일하게 섞이지 않았고, 녹지 않은 작은 조각들은 그대로 남아 있는 게 아니겠어? 그 결과 초콜릿 칩이 여기저기 박혀 있는, 우리가 지금 초콜릿 칩 쿠키라고 부르는 점박이 무늬의 쿠키가 탄생한 거지. 이처럼 어떤 실수라도 상황이 잘 맞아떨어져 멋진 결과를 가져온다면 얼마나 좋을까?

어떻게 쿠키에 초콜릿 칩을 넣게 되었을까?

퀴즈? 퀴즈!

🍫 **1단계 :** 초콜릿 칩 7개가 들어간 쿠키와 9개가 들어간 쿠키 중 어느 쿠키에 칩이 더 많이 들어 있을까?

🍫🍫 **2단계 :** 초콜릿 칩 5개가 들어간 쫀득쫀득한 쿠키를 집었는데, 3개의 칩이 녹아서 무릎에 떨어졌어. 남은 칩은 몇 개일까?

🍫🍫🍫 **3단계 :** 1컵은 16개의 테이블스푼과 같은 양이고, 1테이블스푼에는 대략 10개의 칩이 들어가. 그럼 1컵으로 약 몇 개의 칩을 담을 수 있을까?

★ **보너스 :** 초콜릿 칩 쿠키를 포함해 36개의 쿠키를 구웠어. 그중 $\frac{1}{2}$이 땅콩버터 칩 쿠키, $\frac{1}{3}$이 아몬드 칩 쿠키라면, 초콜릿 칩 쿠키는 몇 개나 될까?

정답 : 초콜릿 칩 9개가 들어간 쿠키 / 2개 / 160개 / 6개

뭔가 잘못되고 있는 느낌

누군가 네게 "우린 모두 같은 배를 타고 있는 거야."라고 말한다면, 그 말뜻은 우리가 모두 진짜 호수 위의 배에 같이 타고 있다는 것을 의미하는 게 아니야. 그 말은 우리 모두 어떤 큰 어려운 문제에 직면했다는 것이고, 게다가 모두에게 상황이 더 나빠질 것이라는 뜻이지. 진짜 배 위에서라면, 그 배에 사람이 많이 타고 있을수록 호수에 가라앉을 가능성이 더 커질 거야. 배는 물속으로 가라앉으면서 밀어내는 물의 무게만큼만 실을 수 있어. 그것도 물이 배 높이에 닿을 때까지만 가능한 이야기니, 배가 깊지 않은 경우라면 진짜 큰 곤란을 겪게 되겠지.

정말 '같은 배를 타고' 있는 걸까?

퀴즈? 퀴즈!

🚢 **1단계**: 2미터짜리 카누와 3미터짜리 카누 중 어느 것이 더 길까?

🚢🚢 **2단계**: 선생님과 너희 반 학생 45명이 모두 비를 맞아 흠뻑 젖었다면, 모두 몇 명이나 '같은 배를 탄' 운명이지?

🚢🚢🚢 **3단계**: 숙제 검사를 했어. 그런데 아이 17명이 강아지가 공책에 오줌을 쌌다는 핑계를 대고, 그 2배에 해당하는 아이가 가방을 잃어버렸다고 말한다면, 숙제를 하지 않은 '같은 배를 탄' 아이는 모두 몇 명일까?

⭐ **보너스**: 배에 최대 2,250킬로그램의 짐을 실을 수 있는데, 앞으로 46킬로그램만 더 실을 수 있대. 이미 실은 짐의 무게는 얼마일까?

정답 : 3미터짜리 카누 / 46명 / 51명 / 2,204킬로그램

새대가리

누군가에게 새대가리라고 할 때는, 대개 좋은 뜻으로 하는 말이 아니야. 새가 그리 똑똑한 것 같지 않아서 주로 놀릴 때 쓰기 때문이지. 심지어 타조의 뇌는 테니스공만 한 자기 눈알보다도 더 크기가 작아. 그래서 타조는 누군가에게 쫓기고 있을 때 어쩔 줄 몰라 하면서도 원을 그리며 우왕좌왕 달리기만 하는 거야. 그렇지만 아주 많은 새는 몸무게와 비교해 보았을 때 상대적으로 뇌가 큰 편에 속해. 어떤 새는 진짜 똑똑하게 행동하기도 하는데, 과학자들이 밝혀낸 바에 의하면 까마귀는 수를 이해하고, 앵무새는 6까지 헤아리기도 한대. 무언가를 하기 위해서 물건을 도구로 사용하는 새도 있어. 우리 인간도 새대가리라고 불리기 전에 끊임없이 공부하는 편이 좋을 것 같아.

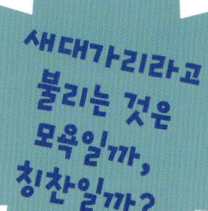

새대가리라고 불리는 것은 모욕일까, 칭찬일까?

퀴즈? 퀴즈!

🐦 **1단계 :** 네가 기르는 앵무새 폴리가 6까지 헤아릴 수 있다면, 폴리는 어떤 숫자를 말할 수 있는 걸까?

🐦🐦 **2단계 :** 이집트독수리 13마리가 돌을 사용해서 알을 깨고, 까마귀 2마리가 막대기로 통나무를 찔러 안에 들어 있는 벌레를 꺼낸다면, 도구를 이용하는 새는 모두 몇 마리일까?

🐦🐦🐦 **3단계 :** 네가 아는 2만 개의 단어 중에서 네 앵무새가 $\frac{1}{10}$을 알고 있다면, 네 앵무새가 아는 단어는 몇 개일까?

⭐ **보너스 :** 타조는 정말 빨리 달리지만 똑똑한 새는 아니야. 타조가 50미터를 달려 달아나려고 했지만 잡히기 전까지 달린 거리의 반은 원을 그리면서 우왕좌왕하기만 했어. 타조는 얼마만큼 원을 그리면서 달린 걸까?

정답 : 1, 2, 3, 4, 5, 6 / 15마리 / 2,000개 / 25미터

보라색 당근

당근을 씹을 때 아작아작 나는 소리와 느낌, 그리고 그 고운 주황색에 반해 당근을 좋아한다는 사람이 많아. 그런데 당근이 처음부터 주황색이 아니었다는 사실! 당근은 원래 빨간색, 노란색, 보라색 혹은 흰색이었어. 그런데 1500년대에 네덜란드 사람들이 주황색 당근을 얻기 위해 빨간색 당근과 노란색 당근을 접붙이면서 주황색 당근이 탄생했지. 그 이유는 네덜란드 왕실을 '오렌지가'라고 불렀기 때문이야. 지금도 여전히 여러 가지 색깔의 당근을 재배하고 있대. 여기에 파란색과 녹색 당근만 재배하게 되면 무지개색이 될 텐데……. 그렇게 되면 각자 좋아하는 색깔의 당근을 골라 먹는 재미가 있겠지? 넌 어떤 색깔의 당근을 먹고 싶니?

당근은 처음부터 주황색이었을까?

퀴즈? 퀴즈!

🥕 **1단계** : 앞에서 이야기한 특이한 4가지 색깔의 당근과 주황색 당근을 모두 가지고 있다면, 몇 가지 색의 당근을 가지고 있는 걸까?

🥕🥕 **2단계** : 10개짜리 당근 1묶음을 만들려고 해. 빨간색과 보라색 당근이 1개씩 있다면, 하얀색 당근 몇 개를 뽑아야 할까?

🥕🥕🥕 **3단계** : 진분홍색 브로콜리 5송이와 형광 분홍색 콩깍지 18개, 그리고 보랏빛 도는 파란색 감자 6개를 가지고 있다면, 특이한 색깔의 채소를 몇 개나 가지고 있는 거니?

⭐ **보너스** : 네덜란드 사람들이 빨간색, 노란색, 보라색, 그리고 하얀색 당근을 가지고 각 색깔의 당근을 나머지 3가지 색깔 중 하나와 접붙인다면, 몇 가지 다른 색깔의 당근을 새로 만들어낼 수 있을까?

재미있는 곤충의 영어 이름

곤충 이름을 영어로 얼마나 알고 있니? 반딧불이(firefly)는 날아다니기(fly)는 하지만, 불(fire)로 만들어진 것은 아니야. 나비(butterfly) 역시 날아다니기는 하지만, 버터(butter)로 만들어진 게 아닌 것처럼 말이지. 사마귀(praying mantis)는 먹잇감을 사냥(prey)하지만, 기도(pray)하지는 않아. 무당벌레(ladybug)도 모두 숙녀(lady)가 아니고, 거미인지 곤충인지 헷갈리는 대디 롱레그(daddy longlegs) 역시 모두 아빠(daddy)도, 모두 수컷도 아니야. 그럼 전부 이름과는 다르냐고? 아니야, 이름대로인 것도 있지. 대벌레(walking stick)는 정말 이름처럼 걸을 수 있는 막대기 같고, 노린재(stink bugs)는 정말로 구린내(stink)를 풍기니까 그 냄새가 싫다면 멀리하는 게 좋을 거야.

레이디버그는 모두 숙녀일까?

퀴즈? 퀴즈!

1단계 : 점이 8개 있는 무당벌레와 점이 10개인 무당벌레 중 어느 것에 점이 더 많을까?

2단계 : 아래 그림처럼 사마귀가 다리 4개로 서 있다면, 몇 개의 다리를 흔들고 있는 걸까? 참고로 모든 곤충은 다리가 6개 있어.

3단계 : 반딧불이, 나비, 무당벌레와 사마귀의 다리를 모두 합하면 몇 개나 될까? 다시 한 번 말하지만, 모든 곤충은 다리가 6개야.

보너스 : 무당벌레 응원단 28마리가 피라미드 형태로 응원을 펼치고 있어. 맨 꼭대기에 1마리, 그 밑에는 2마리, 그다음에는 3마리…, 이런 식으로 서 있다면, 맨 마지막 줄에는 몇 마리의 무당벌레가 서게 될까?

정답 : 점이 10개인 무당벌레 / 2개 / 24개 / 7마리

땅콩과 콩

나무 위에 지은 작은 집을 영어로 '트리하우스(treehouse)'라고 해. 컵에 담아 구운 작은 케이크는 '컵케이크(cupcake)'지. 그렇다면 땅콩(peanut)은 콩(pea)일까, 견과(nut)일까? 정답은 견과가 아니라 콩에 속해. 콩깍지에 콩이 들어 있듯이 대개는 땅콩 한 깍지에 2알씩 들어 있다는 것, 눈치챘지? 또 견과류는 대부분 나무에서 자라지만, 땅콩은 콩처럼 땅에서 자란단다. 이렇듯 땅콩은 견과와 달라 땅콩 알레르기가 있다 하더라도 다른 견과에는 알레르기 반응이 나타나지 않을 수도 있다고 해. 그리고 이건 진짜 믿기 어려운 사실인데, 아몬드가 실제로는 복숭아와 관련 있대. 물론 복숭아가 진짜 견과처럼 고소해져야 하겠지만 말이야.

땅콩은 콩일까 견과일까?

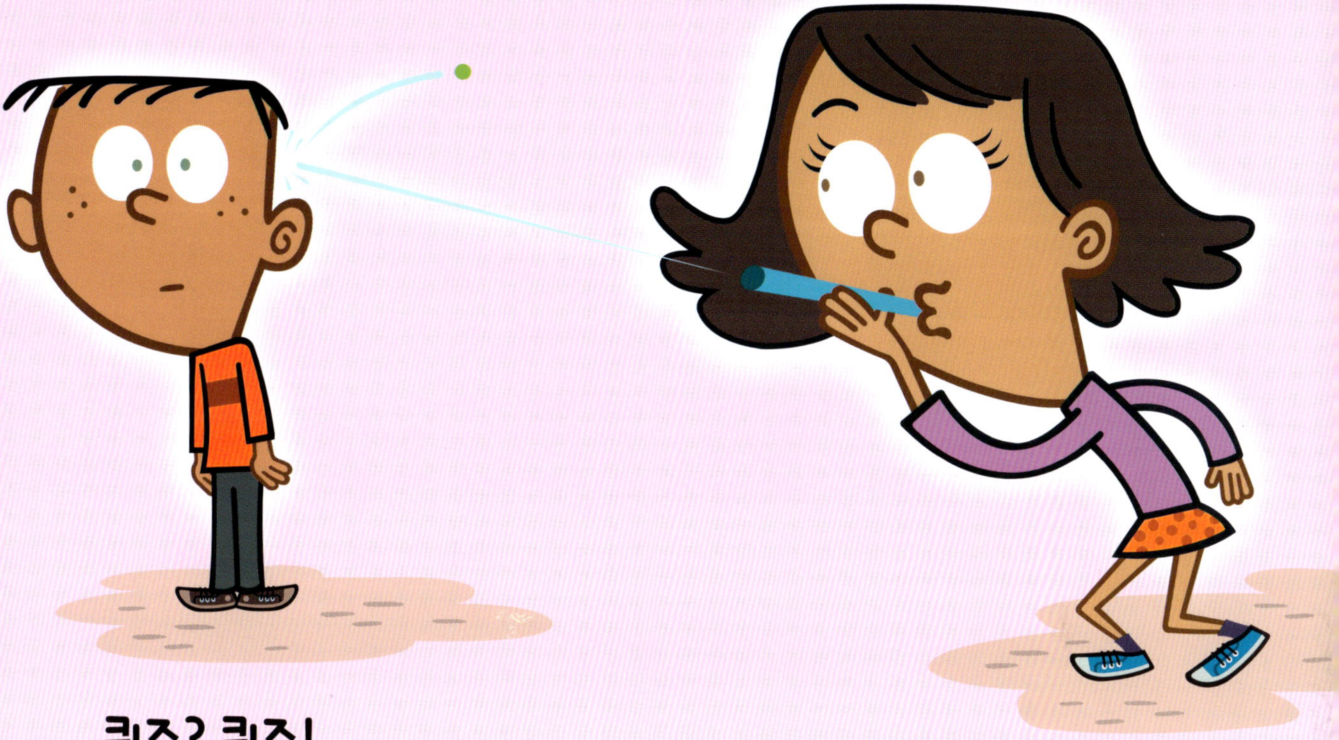

퀴즈? 퀴즈!

1단계 : 콩 6알과 땅콩 7알을 먹었어. 콩과 땅콩 중 어느 것을 더 많이 먹었니?

2단계 : 땅콩 깍지 5개 속에 땅콩이 2알씩 들었다면, 모두 몇 알의 땅콩이 들어 있는 걸까?

3단계 : 콩이 5알씩 들어 있는 콩깍지가 8개 있어. 빨대로 콩알 쏘는 놀이를 한다면, 몇 개의 콩알을 날려 보낼 수 있을까?

★ 보너스 : 첫 번째로 선택한 콩깍지에는 콩이 4알, 다음 콩깍지에는 6알, 그다음에는 9알, 그리고 그다음에는 13알이 들어 있다면, 5번째 콩깍지에는 몇 알의 콩이 들어 있을까? 규칙을 찾아보렴.

정답 : 땅콩 / 10알 / 40개 / 18알(순서대로 2알, 3알, 4알이 늘어났으므로, 다음번은 5알이 늘어날 차례다)

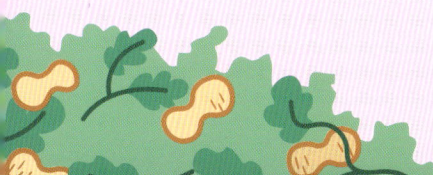

에베레스트 산이 자란다고?

에베레스트는 세상에서 가장 높은 산이야. 아프리카의 킬리만자로 같은 거대한 산도 8,850미터 높이의 에베레스트 산에는 미치지 못하지. 그렇지만 어찌 된 영문인지 에베레스트 산은 거기에 만족하지 않고 매년 약 6밀리미터씩 높아진다고 해! 그 이유는 에베레스트 산 밑 깊은 곳의 암석 판들이 서로 부딪히면서 산을 위로 밀어 올리기 때문이래. 너 같은 아이들은 1년에 약 5센티미터씩 키가 자라니까, 에베레스트 산보다는 훨씬 빨리 자라는 셈이지. 또 넌 돌로 만들어지지도 않았으니 스트레칭하기도 더 쉬울 거고 말이야. 어떤 이유에서건 돌로 이루어진 산이 자란다는 사실은 참 신기해.

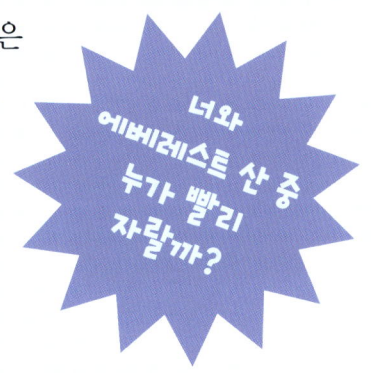

너와 에베레스트 산 중 누가 빨리 자랄까?

퀴즈? 퀴즈!

🚩 **1단계** : 그림을 잘 봐. 에베레스트 산을 오르는 등반객은 몇 명이니?

🚩🚩 **2단계** : 에베레스트 산은 1년에 약 6밀리미터씩 높아진대. 그럼 약 24밀리미터가 높아지려면 얼마나 걸릴까?

🚩🚩🚩 **3단계** : 1841년 해발 약 8,840미터이던 에베레스트 산이 지금은 8,850미터가 되었어. 그동안 얼마나 더 높아진 걸까?

⭐ **보너스** : 매년 6밀리미터씩 높아진다면 32년 동안 에베레스트 산은 얼마나 더 높아질까?

정답 : 10명 / 4년 / 10미터 / 약 192밀리미터

엄청난 행운

파삭파삭한 행운의 쿠키 안에는 네게 일어날 법한 일을 예언하는 종이 쪽지가 들어 있어. 누군가 너보다 먼저 그 쿠키를 열어 보았다 하더라도 그 종이에 적힌 예언의 글을 읽는 것은 여전히 기대되고 재미있는 일이야. 아주 많은 중국 식당에서 식사 마지막에 이 행운의 쿠키를 주는데, 실제로 이 쿠키는 중국에서 유래한 것도 아니고, 중국 사람이 처음 만든 것도 아니란다! 역사가들에 의하면, 행운의 쿠키는 일본에서 처음 만들어져 1900년대 초 미국에 들어온 거라고 해. 그리고 예전에는 지금처럼 삼각형이 아니라 원통 모양이었다는데, 당시 행운의 쿠키 속 예언과 지금의 쿠키 속 예언 중 어느 것이 더 적중률이 높은지 궁금하지 않니?

행운의 쿠키는 누가 처음 만들었을까?

예상하지 못할 일이 생김

퀴즈? 퀴즈!

 1단계 : 행운의 쿠키 9개 중에서 1개를 골라 열어 봤다면, 읽어야 할 예언은 몇 개나 더 남았을까?

 **2단계 :** 쿠키 속 예언이 좋은 내용일 수도 있고 나쁜 내용일 수도 있어. 행운의 쿠키 7개 중에서 5개만 좋은 내용이었다면, 좋지 않은 내용은 몇 개일까?

🍪🍪🍪 **3단계 :** 3일에 1번씩 중국 음식을 먹을 때마다 행운의 쿠키 1개를 받는다면, 한 달이 31일인 달에 받을 수 있는 행운의 쿠키는 최대 몇 개일까?

⭐ **보너스 :** 36개들이 행운의 쿠키 세트에 단 3개의 쿠키에만 좋은 예언이 들어 있다. 그 쿠키 세트에서 쿠키 하나를 고를 때, 좋은 예언이 포함된 쿠키를 고를 가능성은 얼마나 될까?

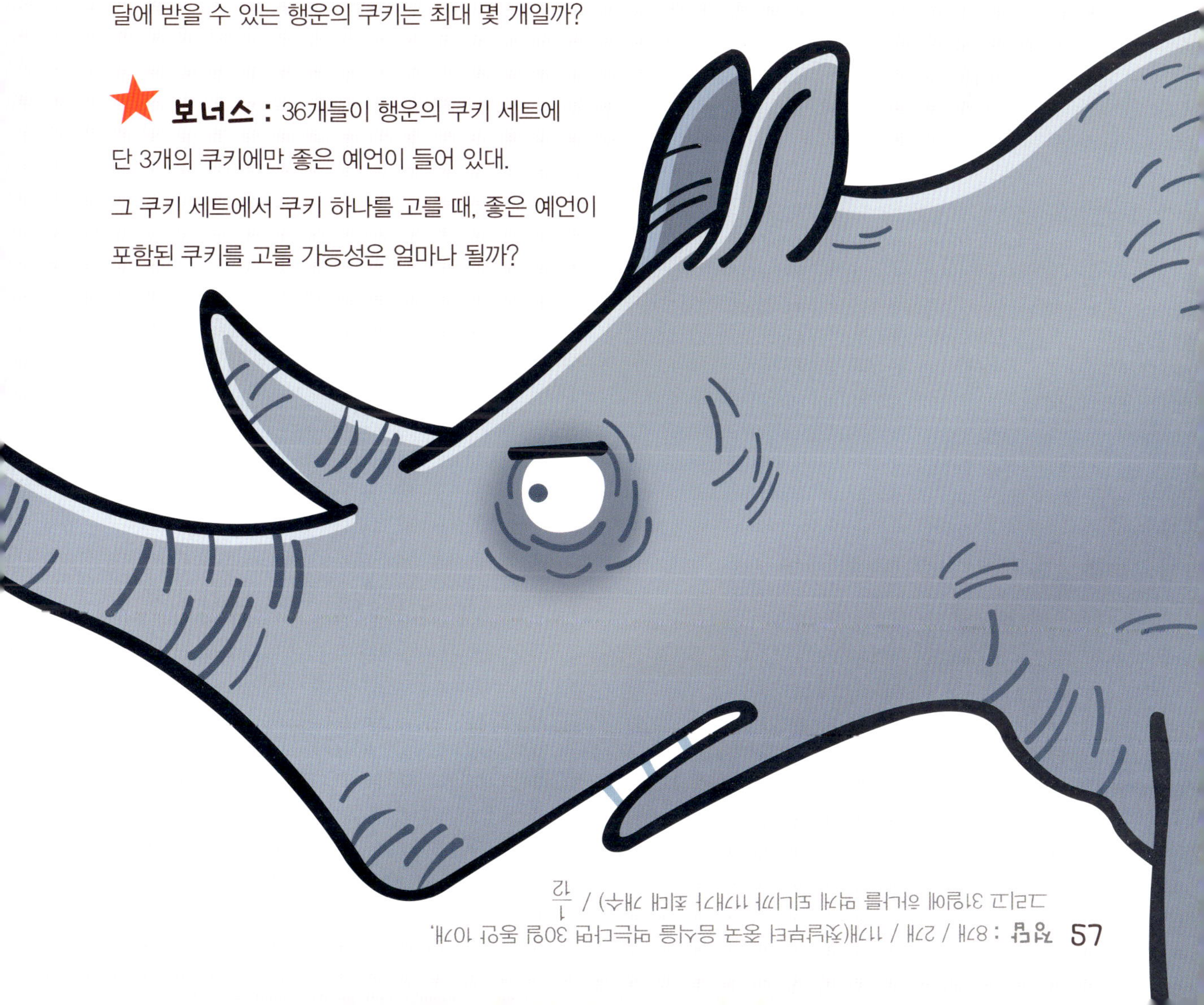

정답 : 8개 / 2개 / 11개(실패하면 중국 음식을 먹더라도 30일 동안 10개, 그리고 31일에 운이 좋게 중국 음식이 나오면 한 개 더 추가) / 1/12

진짜 공포

가로세로 줄무늬가 있는 셔츠에, 속을 짚으로 채운 우스꽝스러운 허수아비는 장식용으로 들판에 세워 놓은 게 아니야. 농부들은 농작물을 먹어 치우는 새들을 겁줘서 쫓아낼 목적으로 허수아비를 만들어 세우지. 그런데 허수아비가 그 새들을 쫓아낼 수 있는 것은 사람처럼 생긴 데다가 사람 냄새가 나기 때문이야. 분명 새들은 본능적으로 사람이 입던 옷에서 나는 냄새를 좋은 냄새, 혹은 안전한 냄새라고 믿지 않는 것 같아. 그 냄새의 주범이 우리가 옷에 묻힌 케첩이든, 옷에 쏟은 사과 주스이든 새들은 그런 냄새를 멀리해야 한다는 것을 본능적으로 아는 거겠지.

허수아비는 어떻게 까마귀를 쫓을까?

퀴즈? 퀴즈!

1단계 : 그림을 잘 봐. 까마귀가 허수아비 팔에 2마리, 머리에 1마리 앉아 있어. 이 허수아비가 쫓아내지 못한 까마귀는 모두 몇 마리일까?

2단계 : 너와 그림 속 허수아비 중 누가 더 손가락이 많을까?

3단계 : 농부가 냄새 나는 셔츠 5개와 냄새 나는 바지 4개를 허수아비에게 입히려고 해. 셔츠와 바지를 서로 다르게 짝지어 입히면 모두 몇 벌이나 나올까?

보너스 : 까마귀는 2미터 밖에서부터 냄새를 맡을 수 있대. 2미터는 몇 센티미터지?

톡 쏘는 탄산음료

지금 우리가 마시는 탄산음료는 말할 필요도 없이 건강에 전혀 도움이 되지 않아. 이를 썩게 하고 몸을 비만하게 만드는 설탕 덩어리이기 때문이지. 그런데 탄산음료가 한때 우리 건강에 유익했던 적이 있어. 사실 탄산음료는 1700년대 후반 약국에서 약에 물, 탄산, 그리고 인공감미료를 섞어 쓴 약을 맛있게 먹을 수 있도록 만든 것이었어. 그런데 얼마 되지 않아 사람들은 전혀 아프지 않은데도 이 맛있는 약을 마시기 시작했어. 그 후 건강에는 아무짝에도 쓸모없는 사이다 같은 탄산음료가 탄생하게 된 거지. 초창기 탄산음료로서는 억울할 수밖에 없지만, 지금은 그 누구도 탄산음료를 건강을 위해 마신다고 생각하지 않을 거야.

건강에 좋은 탄산음료가 과연 있을까?

퀴즈? 퀴즈!

1단계 : 네가 화요일에 탄산음료 한 양동이를 만들어 다음 날까지 얼려 두었다가 다시 하루 더 지난 뒤에 꺼내 먹었다면, 거대한 '팝시클'은 무슨 요일에 먹었을까?

2단계 : 체리 파인애플 맛 탄산음료를 만들려면 인공감미료 10방울이 필요해. 체리 맛 7방울을 이미 섞었다면 파인애플 맛 감미료는 몇 방울 넣어야 할까?

3단계 : 씹어 먹는 비타민은 맛있으면서 건강에도 좋지. 비타민 병에 오렌지 맛 비타민이 12알 들어 있고 체리 맛 비타민은 그것의 반만큼 들어 있어. 또 포도 맛은 체리 맛보다 6알 더 들어 있다면, 그 병에는 비타민이 몇 알 있는 걸까?

★ **보너스 :** 네가 이번 주에 비타민 257알을 씹어 먹고, 다음 주에는 2배로 많이 먹는다면, 다음 주에는 이번 주보다 얼마나 더 많이 먹어야 할까?

뼈가 흔들흔들

크고 통통 튀는 바퀴 덕분에 덜커덕거리지 않고 부드럽게 자전거를 탈 수 있어. 그런데 자전거가 처음부터 타기 편했던 것은 아니야.

1800년대 초반 자전거는 나무로 만든 데다가 충돌했을 때 충격을 흡수하는 고무 튜브도 없었거든. 심지어 페달도 없었기 때문에, 자전거를 타기 위해서는 발로 자전거를 밀어야 했지. 그러다가 1860년대에 프랑스 발명가 2명이 쇠로 자전거를 만들었지만, 여전히 덜컥거리는 나무 바퀴가 달려 있었어. 그걸 타면 진동 때문에 뼈가 흔들릴 정도였지. 그래서 그 과격한 탈것을 '본 셰이커(뼈를 흔드는 것)'라고 부르기도 했대. 요즘 나오는 자전거로 본 셰이커 정도의 강한 자극을 느끼고 싶다면 아마 자전거를 타고 울퉁불퉁한 산에서 내려와야만 할 거야.

나무 바퀴 자전거를 타면 정말 뼈까지 덜커덕거릴까?

퀴즈? 퀴즈!

🧡 **1단계 :** 63쪽의 자전거 바퀴는 모두 몇 개니?

🧡🧡 **2단계 :** 두발자전거 4대와 외발자전거 1대를 가지고 있다면, 뼈를 흔드는 바퀴는 모두 몇 개나 될까?

🧡🧡🧡 **3단계 :** 충격이 심한 나무 자전거를 타다가 치아 22개 중 7개가 빠졌다면, 남은 치아는 모두 몇 개일까?

⭐ **보너스 :** 80킬로미터의 거리를 자전거로 이동하던 중, $\frac{1}{4}$ 지점에서 바퀴에 바람이 빠져 버렸지 뭐야. 얼마나 더 걸어가야 목적지에 도착할 수 있을까?

눈싸움은 내가 최고!

우리는 눈꺼풀에 그리 많은 관심을 두지 않지만, 눈꺼풀은 아주 고마운 존재야. 눈을 촉촉하게 해 주고, 먼지와 이물질을 막아 주기도 하지. 물고기나 뱀 같은 동물은 눈꺼풀이 아예 없어. 항상 물속에 있는 물고기야 눈꺼풀이 없어도 괜찮겠지만, 뱀은 눈꺼풀 없이 어떻게 잠을 잘까? 눈을 뜬 채 뇌를 수면 모드로 정지시키고 잔다고 하는데, 그게 가능하다는 것이 정말 신기해. 또 낙타는 눈 하나에 눈꺼풀이 3개나 있는데, 그중 하나는 투명해서 사막에 모래 폭풍이 불어도 앞을 볼 수 있대. 그런데 만약 눈싸움을 한다면, 눈꺼풀이 없어 눈을 깜박거릴 필요가 없는 뱀과 물고기가 당연히 낙타를 이길 거야.

어떤 동물이 가장 오랫동안 뚫어지게 쏘아볼 수 있을까?

퀴즈? 퀴즈!

👁 **1단계** : 너와 낙타 중 누가 더 눈꺼풀이 많니?

👁👁 **2단계** : 낙타의 눈에 눈꺼풀이 3개씩 있다면, 눈꺼풀은 모두 몇 개일까?

👁👁👁 **3단계** : 네가 13분 동안 한곳만 뚫어져라 볼 수 있다고 치자. 네가 기르는 물고기가 너보다 2배나 더 오래 한곳만 바라볼 수 있다면, 물고기가 바라본 시간은 얼마나 될까?

⭐ **보너스** : 낙타 15마리와 사람 24명 중, 더 많은 눈꺼풀을 깜박거리는 건 어느 쪽일까?

정답 : 낙타 / 6개 / 26분 / 낙타 15마리

백작을 위한 식사

붕어빵에 붕어가 없는 것처럼, 샌드위치 속에도 샌드(모래)는 들어가지 않아. 진짜 모래를 넣은 샌드위치는 아무도 먹으려 하지 않겠지. 다행히 사람들은 모래 넣은 샌드위치를 점심으로 만들지는 않으니까, 그걸 먹게 될 염려를 하지 않아도 돼. 샌드위치에는 모래 대신 2조각의 빵 사이에 고기, 치즈, 상추 외에도 여러 가지 맛난 재료가 들어 있어. 간단한 한 끼 식사로 안성맞춤인 샌드위치는 샌드위치라는 백작의 이름을 따서 만든 음식이야. 그는 카드 놀이를 무척 좋아해서 저녁을 먹으면서도 카드를 손에서 놓지 않았는데, 그러다 보니 음식을 먹으면서 칠칠하지 못하게 흘리곤 했대. 그래서 음식을 빵 사이에 끼웠더니, 빵이 그 음식을 고정해 흘리는 문제를 해결하게 된 거지. 그 결과 샌드위치라는 새로운 음식도 탄생하게 되었고.

샌드위치에는 샌드(모래)가 들어갈까?

퀴즈? 퀴즈!

🥪 **1단계 :** 샌드위치를 먹으면서 카드 놀이를 하고, 발로는 피아노를 친다면, 한 번에 몇 가지 일을 할 수 있는 걸까?

🥪🥪 **2단계 :** 13단 샌드위치를 만들려고 해. 그중 3단에 녹색 토마토를 넣는다면, 나머지 음식으로는 몇 단을 채워야 할까?

🥪🥪🥪 **3단계 :** 빵, 고기, 치즈, 상추 순서로 반복해 쌓아 올려 아주 거대한 샌드위치를 만들려고 해. 그 샌드위치에 들어 있는 세 번째 치즈는 몇 번째 단에 있을까?

★ **보너스 :** 빵, 햄, 치즈, 상추 순서로 반복해 쌓아 올린다면, 30번째 단에는 무엇이 놓일까?

정답 : 3가지 / 10단 / 11번째 / 햄

표지판을 보여 줘

차를 타고 도로를 지나다 보면 내가 어디에 있는지 알려주는 도로 표지판과 안전 운전을 위한 '일시 멈춤', '일방통행' 같은 교통 표지판 등 온갖 종류의 표지판을 보게 돼. 운전자는 그 표지판을 보면서 운전하므로 그 크기는 네가 생각하는 것보다 훨씬 더 크단다. 귀엽게 생긴 팔각형의 빨간색 일시 멈춤 표지판은 실제 세로 폭이 60센티미터나 돼. 녹색 고속도로 표지판은 크기가 더 엄청나 가로 폭이 300센티미터나 되지. 멀리서는 표지판이 작게 보이지만, 실세로 그 옆에 서 보면 오히려 네가 아주 많이 작아 보일 거야.

너랑 '일시 멈춤' 표지판 중 어느 것이 더 클까?

퀴즈? 퀴즈!

🏮 **1단계 :** 네가 지름이 90센티미터인 동그라미 모양의 속력 표지판보다 30센티미터 더 키가 크다면, 네 키는 얼마지?

🏮🏮 **2단계 :** 고속도로 표지판에 '동'이나 '서'라고 쓰여 있는 글자의 세로 폭이 15센티미터이고, 도시 이름 한 글자는 그것보다 약 15센티미터 더 커. 그렇다면 도시 이름의 크기는 얼마나 될까?

🏮🏮🏮 **3단계 :** 키가 120센티미터인 아이가 사각형 녹색 표지판을 바라보고 있어. 그 표지판은 세로 길이가 90센티미터인 방패 무늬 아래, 세로 길이가 60센티미터인 글자가 3줄 쓰여 있고, 다시 세로로 90센티미터의 공간으로 이루어져 있어. 그 표지판의 세로 폭은 아이보다 얼마나 더 큰 걸까?

⭐ **보너스 :** 네 키가 132센티미터이고 네 강아지가 두 발로 섰을 때 약 71센티미터 높이까지 닿을 수 있다면, 네가 머리 위에 태운 강아지의 앞발이 약 213센티미터 높이에 있는 '일시 멈춤' 표지판 꼭대기에 닿을 수 있을까?

정답 : 120센티미터 / 30센티미터 / 240센티미터(표지판 세로 폭이 360센티미터이니까) / 닿을 수 없다.

돈이 자라는 '돈나무'가 있을까?

점점 불어나는 돈

어른들이 "나가서 땅을 파 봐라, 돈이 나오나!"라고 말하는 설 들어본 적이 있을 거야. 그 말은 돈이 그리 쉽게 생기는 것이 아니란 뜻이지. 미국에서는 이럴 때 "돈은 나무에서 자라는 게 아니야."라고 말한대. 돈이 땅속에 묻혀 있거나 나무에서 자라는 게 아니라는 건 누구나 아는 사실이지. 그런데 지폐에는 사실 온갖 종류의 나무가 섞여 있어. 거의 모든 지폐가 다른 종이처럼 나무로 만들어졌을 뿐 아니라, 잘 찢어지지 않게 하기 위해 펄프에 목화솜과 비단도 섞었거든. 그러니 나무로 만든 돈을 땅에 심어서 키울 수도 있지 않을까? 또 목화솜과 비단 등의 천으로 돈을 만들었으니, 그걸로 옷을 해 입을 수 있을지도 모르지.

퀴즈? 퀴즈!

₩ 1단계 : 5,000원짜리와 1만 원짜리 지폐 중 어느 것이 더 값어치가 큰 돈일까?

₩₩ 2단계 : 1,000원짜리 4장과 5,000원짜리 1장으로 종이 모자를 만들었다면, 그 종이 모자를 만드는 데 사용한 돈은 모두 얼마일까?

₩₩₩ 3단계 : 5,000원짜리 지폐 8장을 접어 원반을 만들었어. 그 원반을 만드는 데 사용한 돈은 모두 얼마일까?

★ 보너스 : 1만 원짜리 200장을 이어 붙여 텐트를 친다면, 그 텐트를 만드는 데 사용한 돈은 모두 얼마일까?

쏜살같이 흐르는 시간

사람들이 "재미있을 때는 시간이 날아가듯이 빨리 지나간다."고 말하는 걸 들어본 적 있니? 재미있을 때는 매 순간이 너무 짧게 느껴지거든. 물론 1분 정도의 시간은 네 인생 전체를 놓고 봤을 때 아주 작은 한 부분에 불과해. 예를 들어, 네가 76살까지 산다고 치자. 그건 약 4,000만 분에 해당하는 시간이야! 그렇지만 곤충이 느끼는 시간은 우리와 달라. 초파리나 일벌은 4~6주밖에 살지 못하니까, 그들에게 1분은 우리의 한 달처럼 느껴질 거야. 또 2년 동안 알로 지내다가 세상에 나와 24시간도 채 살지 못하는 하루살이에게 시간이 흐르는 속도는 훨씬 더 빠르겠지. 어쨌거나 날아가듯이 빨리 흐르는 시간을 곤충이 어떻게 느낄지 궁금한걸.

어느 곤충이 시간이 가장 빨리 흐른다고 생각할까?

퀴즈? 퀴즈!

🌸 **1단계** : 일주일과 한 달 중 어느 쪽이 더 짧을까?

🌸🌸 **2단계** : 달팽이는 팔자가 아주 편해. 3년 동안이나 줄곧 잠만 잘 수도 있다지 뭐야. 네가 6살 때, 달팽이처럼 낮잠을 자기 시작해 3년 후 깨어나면 몇 살이 될까?

🌸🌸🌸 **3단계** : 일벌의 수명이 6주뿐이라면, 그 일벌은 며칠이나 사는 걸까?

⭐ **보너스** : 초파리의 수명이 고작 일주일이라면, 몇 시간 동안 사는 셈일까?

정답 : 일주일 / 9살 / 42일 / 168시간

와플과 아이스크림의 만남

대개 음식을 먹을 때, 그 음식이 담긴 그릇까지 먹지는 않아. 그런데 아주 드물게 음식을 담은 '그릇'까지 먹는 경우가 있어. 아이스크림을 담는 콘처럼 말이야. 1904년 세계 박람회에서 한 아이스크림 장수가 아이스크림을 담는 그릇이 다 떨어져 곤란해하고 있는데, 마침 지나가던 제빵사가 아이스크림을 담을 수 있도록 와플을 콘 모양으로 말아 주었대. 이 아이디어가 크게 히트한 거지. 한편 이탈로 마치오니라는 이탈리아 사람도 같은 해에 아이스크림콘을 개발했어. 오늘날 아이스크림콘은 와플보다 바삭하지만, 여전히 네모 무늬가 남아 있어서 아이스크림콘이 어떻게 생겨났는지 기억하게 해 준단다.

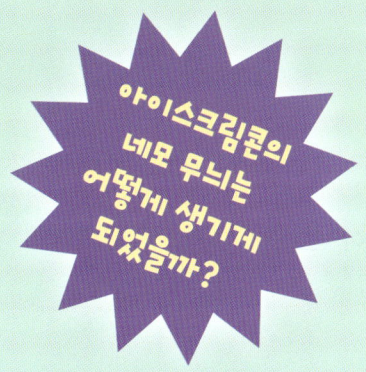

아이스크림콘의 네모 무늬는 어떻게 생기게 되었을까?

퀴즈? 퀴즈!

▌**1단계** : 아이스크림을 담기 전의 아이스크림콘은 옆에서 보면 어떤 모양일까?

▌▌**2단계** : 10분 만에 녹는 아이스크림을 먹기 시작한 지 3분이 지났어. 아이스크림이 녹기 전에 다 먹으려면 몇 분 남았을까?

▌▌▌**3단계** : 아이스크림콘 1개에 아이스크림 1덩어리를 담을 수 있다고 해. 딸기 맛 아이스크림 14덩어리와 바닐라 맛 아이스크림 17덩어리를 담으려면 아이스크림콘이 몇 개나 필요할까?

★ **보너스** : 아이스크림콘 1개에는 6개의 정사각형이 6줄 있어. 이 정사각형을 $\frac{1}{3}$만큼 먹어 치웠다면, 남은 정사각형은 몇 개일까?

정답 : 삼각형(세모) / 7분 / 31개 / 24개

식물처럼 꼼짝 않고 있기

나무늘보에게는 어떤 이상한 일이 생길까?

나무늘보는 가장 느리고 게으른 포유동물일 거야. 하루에 20시간이나 자고, 꼭 움직여야 할 때만 움직이는데, 가장 빨리 움직여도 1분에 약 2미터밖에 못 간대. 발가락이 더 많아진다 해도 그다지 도움이 되지는 않을 것 같아. 세발가락나무늘보 역시 두발가락나무늘보만큼이나 느리거든. 움직인다 해도 너무 느려서 식물이 나무늘보 위에서 자라기까지 한대! 녹색 해초 같은 이끼가 털에서 자라 나무늘보를 녹색으로 바꿔놓기도 한다니까. 덕분에 나무늘보는 나무의 일부분처럼 보여 더 안전하다고 해. 18시간 동안 위협받지 않고 낮잠을 자려면 큰 도움이 될 거야.

퀴즈? 퀴즈!

🍃 **1단계 :** 두발가락나무늘보와 세발가락나무늘보 중 누가 더 발가락이 많니?

🍃🍃 **2단계 :** 나무늘보는 각각 같은 수의 발가락이 달린 4개의 발이 있어. 세발가락나무늘보는 두발가락나무늘보보다 발가락이 몇 개나 더 많은 걸까?

🍃🍃🍃 **3단계 :** 나무늘보가 하루에 19시간을 잔다면, 깨어 있는 시간은 얼마나 될까?

⭐ **보너스 :** 너와 네 친구들, 그리고 몇 마리 두발가락나무늘보의 발가락을 모두 더했더니 104개였어. 두발가락나무늘보의 수가 사람 수보다 2배 많다면, 나무늘보는 몇 마리 있는 걸까?

정답 : 세발가락나무늘보 / 4개 / 5시간 / 8마리(나무늘보 한 마리의 발가락 수는 8개이고, 발가락이 104개가 되려면 이 조합이 13세트 있어야 한다. 사람은 5명, 나무늘보는 8마리)

뱀이 허물을 벗는 이유

네 피부가 다 벗겨져 바닥에 네 모습처럼 놓여 있다고 상상해 봐. 정말 끔찍하지? 하지만 뱀은 1년에 2~4번 그렇게 허물을 벗는대. 몸이 자라면서 어느 순간 껍질이 더 이상 늘어나지 않을 때 허물을 벗는 거야. 껍질을 벗기 쉽도록 나무나 돌에 문지르기도 하는데, 마치 양말처럼 혀까지 포함해 껍질 전체가 한 덩어리로 벗겨져. 사실 사람도 피부 각질이 저절로 떨어지기는 해. 하지만 뱀이 허물을 벗는 것보다 훨씬 덜 충격적인 까닭은 한 번에 아주 조금씩 미세한 조각이 떨어지고, 또 금세 생기기 때문이야.

뱀이 혀를 잃을 수도 있을까?

퀴즈? 퀴즈!

1단계 : 꿈틀이와 쉭쉭이라는 뱀이 있어. 꿈틀이는 홀수 달에, 쉭쉭이는 짝수 달에 서로 번갈아 가면서 허물을 벗는다면, 11번째 달에는 어느 뱀이 허물을 벗을까?

2단계 : 쉭쉭이가 1미터짜리 허물을 벗었대. 쉭쉭이와 허물의 길이를 합하면 얼마가 될까?

3단계 : 어떤 뱀이 2월부터 시작해서 같은 간격으로 1년에 4번 허물을 벗는다면, 다음에 허물을 벗는 달은?

보너스 : 어떤 뱀이 10주마다 허물을 벗는다면, 1년에 최대 몇 번 허물을 벗을까? 참고로 1년은 52주야.

눈 내리게 하는 법

스노 글로브는 물이 가득 든 투명한 플라스틱이나 유리로 만든 공인데, 그 안에 아주 작고 재미있는 빌딩이나 장난감, 그리고 반짝반짝 빛나는 '플리터'라는 인조 눈송이가 들어 있어. 네가 스노 글로브를 흔들면 그 하얀 눈송이들이 빙글빙글 돌면서 눈보라를 일으키지. 그런데 대체 그 눈송이는 무엇으로 만들까? 스노 글로브가 만들어진 초창기에는 뼈나 도자기 가루, 심지어 톱밥으로 만들었대. 더 오래 떠 있고 더 빛날수록 좋은 플리터로 여기는데, 요즘은 대부분 플라스틱으로 만든다고 해. 한 가지 좋은 소식은 플리터를 무엇으로 만들든 간에 어떤 날씨에도 절대 녹지 않는 '눈'이라는 거지.

스노볼을 흔들면 정말 눈이 나올까?

퀴즈? 퀴즈!

1단계 : 스노 글로브를 흔들어 눈송이를 모두 세어 봐. 셀 수 있는 데까지 한 번 헤아려 봐!

2단계 : 겨울왕국 스노 글로브를 2초 동안 흔들었더니 안에 있는 모든 플리터가 가라앉는 데 9초가 걸렸대. 스노 글로브 안에서는 얼마 동안 눈보라가 쳤을까?

3단계 : 스노 글로브 안에는 3티스푼 분량의 플리터가 들어가. 1티스푼에 플리터 200개를 담을 수 있다면, 그 스노 글로브 안에는 몇 개의 플리터가 들어갈까?

보너스 : 스노 글로브를 흔들면 3분짜리 노래가 흘러나와. 하지만 스노 글로브 안의 플리터는 20초 만에 가라앉아 버리지. 그렇다면 흩날리는 눈송이도 없이 얼마나 더 노래를 들어야 할까?

정답 : 훌 수 있는 만큼 / 눈보라 휘날리며 헤어 / 11초 / 600개 / 2분 40초

뉴턴과 중력

공기 저항이 없는 경우, 공깃돌, 볼링공, 그리고 피아노를 동시에 지붕에서 떨어뜨리면, 믿기 어렵겠지만 모두 똑같은 시간에 땅에 떨어져. 2배로 무거운 물건을 움직이기 위해서는 2배의 힘이 필요하지만, 중력 또한 그 무거운 물체에 2배나 강하게 작용하기 때문에 결국 똑같이 떨어지는 거지. 아이작 뉴턴은 사과가 자기 머리에 떨어지는 것을 보고 그 이유를 알아낸 유명한 사람이야. 사과가 그의 머리에 바로 떨어졌다기보다, 사과가 떨어지는 것을 지켜보고 있었다는 편이 더 정확할 거야. 어찌 됐건 우리가 피아노와 함께 지붕에서 뛰어내린다면, 우리에게 그리 썩 좋은 결과가 일어나지 않을 거란 사실을 알게 되었으니 뉴턴에게 감사해야겠지.

퀴즈? 퀴즈!

● **1단계 :** 공깃돌, 볼링공, 피아노를 각각 지붕 위에서 떨어뜨렸다면, 몇 개의 물건을 공중에 내던진 걸까?

●● **2단계 :** 비치 볼이 계단 아래로 통통 튀며 내려가 바닥에 도착하는 데 8초가 걸렸어. 하지만 네가 비치 볼을 던지면 시간이 그보다 절반만큼 절약된대. 이때 비치 볼이 바닥에 도착하는 데 걸리는 시간은 얼마일까?

●●● **3단계 :** 곰 인형을 공중으로 던진 다음 손뼉을 5번 치고 받았어. 그런데 2번째 던졌을 때는 8번, 3번째 던졌을 때는 14번, 4번째 던졌을 때는 23번 손뼉을 쳤다면, 그다음에는 몇 번이나 손뼉을 치게 될까?

★ **보너스 :** 볼링공 하나의 무게가 공깃돌 100개의 무게와 같고, 피아노 1대의 무게는 볼링공 100개의 무게와 같다면, 피아노 1대의 무게는 공깃돌 몇 개의 무게와 같을까?

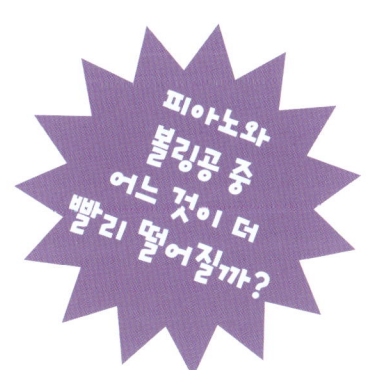

언제부터 프리스비를 던지기 시작했을까?

파이를 던져라

프리스비는 납작한 플라스틱 원반이야. 프리스비를 공중으로 던지고 받으며 놀 수 있지. 누가 최초로 프리스비를 던지며 놀았는지는 정확하지 않아. 하지만 최초의 프리스비가 파이 접시였다는 것은 잘 알려진 사실이지. 1800년대에 '프리스비 베이킹 컴퍼니'라는 회사가 은색의 가벼운 금속 접시에 파이를 담아서 팔았어. 얼마 지나지 않아 파이를 먹은 대학생들은 그 가벼운 금속 접시가 정말 잘 날아간다는 것을 알게 되었지. 1948년 워터 모리스가 첫 플라스틱 프리스비를 개발했어. 그 덕분에 원반을 던지며 놀기 위해 파이를 먹지 않아도 되었지. 여담이지만 모리스의 아버지는 처음으로 실드 빔 자동차 헤드라이트를 발명한 사람이라고 해. 부전자전이라는 말이 딱 맞지?

퀴즈? 퀴즈!

🔴 **1단계 :** 크림 파이 5개를 던졌는데, 그중 1개가 접시 밖으로 빠져나와 공중으로 날아갔다면, 접시 안에 남은 파이는 몇 개일까?

🔴🔴 **2단계 :** 네가 던진 호두 파이 15개 중 네 친구가 10개를 잡았다면, 몇 개의 호두 파이가 땅바닥에 철퍼덕 내동댕이쳐졌을까?

🔴🔴🔴 **3단계 :** 하루에 초콜릿 캐러멜 크림 파이를 3개씩 먹어 파이 접시를 27개 모으려고 해. 접시를 다 모으려면 며칠이 걸릴까?

⭐ **보너스 :** 플라스틱 프리스비가 출시되기 80년 전부터 파이 접시 프리스비를 던졌다면, 언제부터 프리스비를 던지기 시작한 걸까?

정답 : 4개 / 5개 / 9일 / 1868년

거스름돈 챙기기

네가 1,000원보다 싼 물건을 사고 1,000원짜리 지폐를 내면 가게에서는 얼마의 돈을 돌려줄 거야. 이때 네가 돌려받는 돈을 '거스름돈'이라고 해. 거스름돈이 적은 경우 10원, 50원, 100원, 500원짜리 동전을 사용해서 돈을 거슬러 주지. 같은 금액의 거스름돈을 줄 때 이 4종류의 동전을 사용해 엄청 다양한 조합을 만들 수 있어. 다행스러운 것은 돈을 거슬러 주는 가게 종업원이 그 모든 경우의 조합을 다 알 필요는 없고, 그중 한 가지 방법만 알면 된다는 거야.

1,000원짜리 지폐를 동전으로 바꾸는 방법은 몇 가지일까?

퀴즈? 퀴즈!

₩ **1단계 :** 그림에 10원짜리 동전이 몇 개나 있는지 헤아려 볼래?

₩₩ **2단계 :** 가게에서 너에게 거스름돈을 200원 줘야 한다면, 100원짜리 몇 개를 줘야 할까?

₩₩₩ **3단계 :** 네 지갑에 10원, 50원, 100원, 500원짜리 동전이 각각 하나씩 있어. 네가 가지고 있는 동전은 모두 얼마니?

★ **보너스 :** 500원짜리 야광 신발 끈을 사려고 해. 100원짜리와 50원짜리 동전으로 신발 끈 값을 내는 방법은 몇 가지나 될까? 100원짜리만 내거나 50원짜리만 낼 수도 있고 둘 다 섞어서 낼 수도 있어.

제목	1단계	2단계	3단계	보너스
우주에서 아이스크림 먹기	4가지	3+3+3=9 또는 3×3=9	(150×3)−120=330	오후 1시 11분=13시 11분 13:11−11:58=1시간 13분
음식 따라 미국 여행	5곳	12:00−10:00=2시간	1,770+1300=3,070	$(\frac{300}{2})×2+(\frac{300}{2})×4=300+600=900$
빨간색 헛간	3가지	4+3=7	5+(5×2)+(5+[5×2])+3=33	$\frac{3}{72}=\frac{1}{24}$
영혼을 치유하는 마시멜로	5>3	$\frac{40}{10}=4$	15−6−2=7	134=3×44+2
이랴, 달려라! 달려!	4>2	8−6=2	23+23 또는 23×2=46	24÷[4+(2×2)]=3
달 착륙 작전	6+1=7	60×3>150	4×6=24	120÷30=4
엄청나게 번식하는 바나나	2+2=4	2미터의 $\frac{1}{10}$은 20센티미터이므로 지금 키+20센티미터	3×3×3=27	36을 나눌 수 있는 수 찾기 (2, 3, 4, 6, 9, 12, 18)
엄청난 모래의 무게	3=3	3+2+1=6	1,000÷50=20	(1,000+1,250)÷2=45
누가 체리나무를 도끼로 찍었지?	1+1+1+1+1+1+1=7 또는 1×7=7	15부터 18까지 이어 세기 16, 16, 17, 18	20×4=80	나뭇가지 1개=보트 1척 보트의 수를 n이라 하면, (10−n)×3=2×n n=6, 2n=12
감자 맛인지 양파 맛인지 감 잡아 봐	눈물 방울 세기	7=3×2+1	23−17=6	360×3=1,080
진실을 밝혀라	삼각형과 사각형 또는 세모와 네모	7=2×3+1	1,499−1,492=7	1,492+500=1,992
잠자리에 들 수 없는 곳	3>2	21의 다음 수 21+1=22	3+4+5=12	밤 11시 30분에서 3시간 뒤는 새벽 2시 30분. 새벽 2시 15분은 이보다 15분 빠르므로 3−0:15=2:45 9−2:45=6시간 15분

제목	1단계	2단계	3단계	보너스
우연히 탄생한 아이스바	각자 나이에 따라 다름	10개씩 묶으면 4묶음이 $43-(10\times4)=3$	$12+12+12$ 또는 $12\times3=36$	같은 맛 아이스바 3개 남은 아이스바 7개
피라미드 건축법	$4+1=5$	$4+3+2=9$	$1-\frac{9}{10}=\frac{1}{10}$	$1,800,000 \times \frac{1}{9}$ $=200,000$
오른발에 왼쪽 신발	신발 1켤레는 2짝 $6-1=5$	$2+2+1=5$ 연두색, 파란색, 분홍색	$26\div2=13$ $(4\div2)+(16\div2)=10$	$9-2=7$, $12-7=5$ $128+\frac{128}{8}$ $=128+16=144$
벽지를 청소해 드립니다				
제멋대로 박혀 있는 초콜릿 칩	$7<9$	$5-3=2$	$16\times10=160$	$36-\frac{36}{2}-\frac{36}{3}$ $=36-18-12=6$
뭔가 잘못되고 있는 느낌	$3>2$	$1+45=46$	$17+(2\times17)=51$	$2,250-46=2,204$
새대가리	1, 2, 3, 4, 5, 6	$13+2=15$	$\frac{20,000}{10}=2,000$	$50\div2=25$
보라색 당근	$4+1=5$	$10-(1+1)=8$	$5+18+6=29$	빨강+노랑, 빨강+보라, 빨강+하양, 노랑+보라, 노랑+하양, 보라+하양
재미있는 곤충의 영어 이름	$10>8$	$6-4=2$	$6\times4=24$	$1+2+3+4+5+6+7=28$
땅콩과 콩	$7>6$	$2+2+2+2$ 또는 $2\times5=10$	$8\times5=40$	$4+2$, $6+3$, $9+4$, $13+5$ 2알, 3알, 4알을 더했으니, 다음은 5알을 더할 차례
에베레스트 산이 자란다고?	55쪽 등반객 수 세기 연습	$24\div6=4$	$8,850-8,840=10$	$6\times32=192$
엄청난 행운	$9-1=8$	$7-5=2$	첫날부터 중국 음식을 먹는다면 30일 동안 10개, 그리고 31일에 하나를 먹게 되니 11개가 최대 개수	$\frac{3}{36}=\frac{1}{12}$

제목	1단계	2단계	3단계	보너스
진짜 공포	2+1=3	10>8	5×4=20	1미터는 100센티미터 100×2=200
톡 쏘는 탄산음료	목요일	10−7=3	$12+\frac{12}{2}+(\frac{12}{2}+6)=30$	257×2−257=257
뼈가 흔들흔들	7	2+2+2+2+1=9 또는 (2×4)+(1×1)=9	22−7=15	$80-\frac{80}{4}=60$
눈싸움은 내가 최고!	6>2	3+3=6 또는 3×2=6	13+13 또는 13×2=26	15×6>24×2
백직을 위한 식사	1+1+1=3	13−3=10	(4×2)+3=11	30=(4×7)+2
표지판을 보여 줘	90+30=120	15+15=30	90+(60×3)+90=360 360−120=240	132+71<213
점점 불어나는 돈	5,000<10,000	(1,000×4)+5,000=9,000	5,000×8=40,000	10,000×200=2,000,000
쏜살같이 흐르는 시간	일주일<한 달	6+3=9	6×7=42	7×24=168
와플과 아이스크림의 만남	삼각형 또는 세모	10−3=7	14+17=31	$6×6-(6×\frac{6}{3})=24$
식물처럼 꼼짝 않고 있기	3>2	4×(3−2)=4	24−19=5	2×[104÷(2×8+10)]=8
뱀이 허물을 벗는 이유	11은 홀수	1+1=2	12개월을 4로 나누면 3개월 간격 2+3=5	50주 동안 5번 허물을 벗고 51주에 허물을 벗으면 5+1=6
눈 내리게 하는 법	수 세기 연습	2+9=11	200×3=600	(3×60)−20=160 160초=2분 40초
뉴턴과 중력	내던진 물건 수 세기	8÷2=4	5+3, 8+6, 14+9, 23+12 3, 6, 9를 더했으니, 다음은 12를 더할 차례	100×100=10,000
파이를 던져라	5−1=4	15−10=5	27÷3=9	1,948−80=1,868
거스름돈 챙기기	10원짜리 동전 개수 세기	200÷100=2	10+50+100+500=660	100원짜리 개수(0, 1, 2, 3, 4, 5)가 정해지면, 50원짜리 개수는 저절로 결정됨

© Kathryn Huang

로라 오버덱은 《베드타임 매쓰》 1, 2, 3권의 저자입니다. 세 자녀의 엄마가 되자 남편과 함께 잠들기 전 아이들에게 특이하고 재미있는 수학 문제들을 내주기 시작했지요. 몇몇 친구에게 메일로 보냈던 수학 이야기와 퀴즈가 입소문을 타게 되었고, 로라의 메일을 받고 싶어 하는 사람이 점점 늘어나기 시작했어요. 로라는 더 많은 사람과 나누기 위해 웹사이트를 만들었고 《베드타임 매쓰》를 책으로도 펴냈습니다. 《베드타임 매쓰》 출간 이후, 아이들이 수학을 재미있게 즐길 수 있도록 만들자는 취지의 운동이 전국적으로 일어나게 되었어요. 그래서 베드타임 매쓰 방과 후 수학 클럽인 'Crazy 8s(열광하는 8살)' 이 탄생하게 되었답니다. 로라는 프린스턴 대학에서 천체물리학으로 학사를, 와튼 스쿨에서 MBA를 받았습니다.

bedtimemathorg에 방문하세요. 더 많은 수학 이야기와 퀴즈가 기다립니다.

아마존닷컴 어린이 수학 분야 1위!
잠들기 전 10분, 한국에서도 기적이 일어납니다.

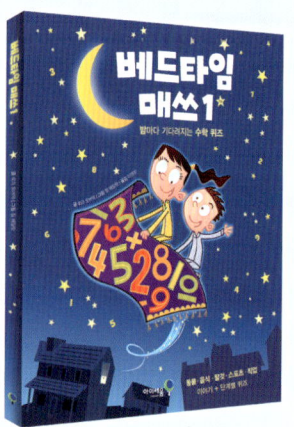

베드타임 매쓰 1

수학책을 가까이한 아이는 자기도 모르게
수학을 사랑하게 됩니다.
신기한 동물, 맛있는 음식, 멋진 탈것,
신나는 스포츠에 이르기까지
재미있는 이야기로 아이의
수학 상상력을 자극해요.

190×230mm | 96쪽 | 값 12,000원

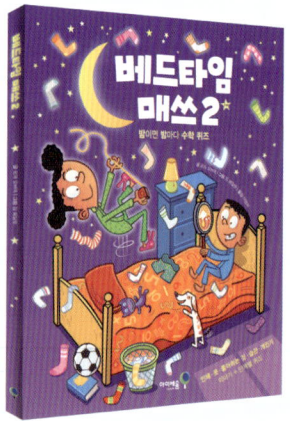

베드타임 매쓰 2

아이들이 좋아하는 아이템과 퀴즈로
수학의 매력에 빠져 보세요.
흥미로운 일러스트와 지식 정보가
아이들의 상상력과 사고력을 키워 줍니다.
온 가족이 함께하는 단계별 퀴즈로
수학이 재미있는 놀이가 돼요.

190×230mm | 96쪽 | 값 12,000원